不必口吐荊棘，也能自信鋒利

溫柔堅定的表達，
遠勝咄咄逼人的不安

沈熙正——著
劉小妮——譯

會做事，更要會說話！
培養正向溝通力，讓人脈開花結果。

序

再也不要因為言語成為寂寞的人

我是一名記者，資歷已有二十多年，跑遍東西南北見過無數人，現在依然每天會遇到新認識的人。

我發現那些擅長溝通、讓人認可、備受愛戴、健康長壽的人們，都以各種方式獲得了社會性的成功。剛開始我認為他們不過是運氣好，或是富二代，但這些佔據金字塔頂端的成功人士，其實都具備了某種特殊的共同點。

過去，我常因為擔心被看不起或佔便宜，認為必須用言語和行為武裝自己，表現得渾身是刺、刻薄挑惕才會看起來很厲害。但這群成功人士卻完全不是這樣，他們不需要屏棄人類天性中的溫柔特性，還是可以非常強大。

直到當記者第十年的某一天，我才發現自己為了贏過某些人，總是採取攻擊方式，從不觀察內在的自己，變得與人爭鋒相對、滿嘴毒言，而我所深愛的人們也紛紛遠去。我被形容成口吐利刃的「刻薄女」、「毒舌魔女」。於是我便孤零零地獨自面對被這些外號囚禁的自己。

「我沒有學過說話的方法。」

我非常孤單寂寞，為自己必須變得惡毒才能走下去的過往感到痛心。

應該也是那個時候，我開始重新觀察過去採訪過的無數成功人士。他們與人交談時大多不會爭鋒相對、處處樹敵，而是站在關懷對方的立場，使用真誠謙讓的方式談吐。

因此，我問他們：

「要怎樣做，才能夠變得跟你一樣？」

他們這樣回答：

「認真傾聽自己內在的價值。答案就在妳心中。」

過去的我，為了保護自己採取的武裝是假裝難以親近；如今，我必須停下來，回頭重新檢視這樣的自己。擔心被小看，擔心工作被搶，擔心遭佔便宜……一旦陷入這些想法，就像是樂佩公主被牢固的城堡所困住一般無法脫困。如今我走了出來，並把朝向外頭的注意力轉回自己身上，也就是集中在「內在的力量」、「內在世界（Inner World）」。我開始練習跟自己好好相處、親切對待自己，而非時時關注他人。

因為身心俱疲而孤單寂寞的我，決定要給予自己最好的關注。不是把注意力放在跟別人的關係上，而是先關注自己，開始好好對自己說話。當我開始觀看自己的內心之後，發現花在自己身上的時間都遠遠不夠了，根本沒有空閒去批評他人。光彩奪目的青春正在無情消逝，我更加沒有時間在意外界看待我的眼光。我的價值由自己決定，如此決定之後，我再次發現天性中的溫柔、暖和。當我開始說好話之後，我真的變得越來越好了。我是世界上獨一無二的花朵，我要給予自己水、肥料、好的話語和美麗的事物。開始口說好話之後，我的行為和外貌也跟著越來越美了。

過去，我們學會用「語言」來溝通，但從來沒有學過「好好說話的方法」。

在這個不知不覺中處處蔓延樹敵對話的時代，「好話」具備最強大的力量。「好話」即是準確傳達自己的意見，同時也能不傷害談話的對方。這是能讓自己不受傷、不丟臉的說話技巧，也是能夠笑著對待世界上的傻瓜們的談話方法。

我真心認為「共感」是改變他人最強大的說服方式。不抱怨、不批判，只是愉快地拒絕對方並不會花費太多力量，也是讓自己與對方繼續交流最簡單的方法。這裡也要提醒大家，說好話並非意在培養親切溫和的態度，而是展現自己原有的價值。

我後來才知道，即使盡情發揮天生具備的溫暖、從容、溫柔等特質，也絲毫不會減損我的強大。反而是展現了內在的溫和，讓我的強大更為完善，最終成為真正成熟堅韌的人。二十歲的我如果知道溫柔不會破壞強大的事實，也許現在的我會是更加溫柔、堅強的成人。

開始對自己說好話之後，想對自己好的那份心也讓我開始對別人說好話。好好說話之後，貴人就會奇蹟般地出現。讓溫和但有力量的話語成為種子，最終長成茂盛的樹林，並繼續發生奇蹟。好事如同雪花般紛紛落下，我也日日抱持著感恩的心。

那些毫無理由，或藉雞皮蒜毛之事想要攻擊我的人，也在好話面前失去了力量。在他們離開之後，我的身邊只剩下好人。

如今那個渾身是刺，傷痕累累的我已經消失，現在面對沒有禮貌的人時，我可以笑著從容地說：「你越界了。」這是只需一句話，不用吵架也可以獲勝的謙讓對話法。

或許剛開始說好話時會很難為情，因為這跟我們的天性不符，但還是請大家努力嘗試看看。就像學習外語時得不斷重複才能熟練，說好話也要用一樣的方式努力練習。說得越多，回報就會越多。等一切上軌道之後，就會發現其中樂趣；而聽到好話的人也會越聽越習慣，出現善性的正向循環。

我們再也不要因為負面言語而讓自己成為寂寞的人。要清楚認知從口中說出的每句話，都會影響我們的一生。僅僅一句話也可以帶來奇蹟，我誠摯邀請大家一同踏上呼喚奇蹟的說好話旅程。

二〇一九年冬天，在某個路口
沈熙正

目錄

第二章　不爭吵就能獲勝的人，說話方式與眾不同

第三章　改善往來關係的十種說好話習慣

第一章

說出的每一句話，都可以改變人生

言語的力量不只影響別人，也會影響自己。

曾經有人這樣說過：

人類的言語本身具備歸巢本能，就像逆流而上的鮭魚，

言語具有重新回到出生地的本能。

也就是說，當我們意識到言語的軌跡是朝向自己的時候，

自然會嚴謹地揀選詞彙。

因為我們說出口的話，第一個聽眾就是自己。

因此，要讓自己聽到好的話，

同時通過體內廢物排除法練習，

想像把不好的話丟進馬桶內沖掉。

言語具有「歸巢本能」

每個人都希望受到尊重，努力得到他人的認同，並且希望自己在他人眼中是個不錯的人。但是人並沒有辦法只為了讓他人覺得自己是好人，就犧牲自己，或故意讓對方牽著鼻子走。如果打算正面爭吵獲得認可，反而會被當成壞脾氣的人，不會得到任何好處。

難道沒有可以維護尊嚴、受到尊重、獲得想要的東西，同時與他人維持友好關係，在沒有任何爭吵的情況下就可以如願得勝的方法嗎？

我是真心的……

我剛進報社時曾發生這樣的一件事。當時的我在陌生的環境中工作，每天都過得緊張兮兮。在這樣的時期，正好迎來了聖誕節，於是我便為編輯部所有記者同仁們親筆寫了感謝卡。當時只是希望能跟看起來冷血無情的前輩們更加親近些，因此經過了幾天的準備，在數十張卡片上分別寫好上了特別的內容，然後在平安夜的隔天一大早，將這些卡片分別放置在前輩們的座位上。

然而，有些人的反應跟我的預期截然不同。雖然他們嘴上道謝，臉上卻清楚寫著：「這到底是什麼」、「難道她有什麼意圖嗎」等狐疑的表情，到了今天依然歷歷在目。身為新進職員，在工作上略顯笨拙是理所當然的，但是人際關係卻始終是更難解的課題。剛出社會的我根本不具備可以忽視他人眼光的「被討厭的勇氣」，只是希望對方能夠知道我的真心，並認為我是一個還不錯的人。然而鼓起勇氣釋出善意，就這樣被抹煞掉了。

後來，我在「揭發真相就是正義」這個信念的支持下，成為堅持只說真話的毒舌人士。當時的我穿梭在充滿粗言穢語的事件現場，以揭發真相為藉口每天使用尖酸刻薄的言語和文字面對世人。為了自己相信的價值跟受訪人爭吵，對我來說已經是家常便飯。就這樣過著日子，突然有一天，某個人跟我說：「妳的舌頭可以殺死一個人。」我聽了之後非常鬱悶，明明我是那樣認真用盡全力傳達真心，沒想到會得到這樣冷冰冰的回應。也就是說，我發自內心所說出來的話，根本沒有人願意聽。

於是，我再也不想給予他人關切了，也不想再聽見他人告訴我他討厭我說的話。就這樣，接下來的幾年內，我都過著茫茫然的生活。直到停止把注意力放在他人身上，而是記得關注自己之後，我才開始一個個解決人際關係上的難題，並讓人生重新站在我這一邊。

世界級心理學家韋恩・沃爾特・戴爾（Wayne Walter Dyer）說：「你的價值不需要由他人決定，相信自己更是重要。」無論他人怎樣想我，他人對我說的話有何反應都不需要在意，你只需要把注意力放在自己身上。當我領悟到這一點時，才發現原來過去的我在所有的關係中，重心從來不是自己，而是他人。無論在哪裡都找不到真實的我，只有那個「想給他人看到的我」。在這個世界上沒有任何人會比我更注重自己了，為什麼我還要把自己的價值交由他人來評斷呢？

當我領悟到世界上沒有人比我更注重自己這個平凡的事實之後，就再也不需要為了維護自己在他人面前故作堅強了。自然也沒有必要為了得到他人的認同而特意展現浮誇的親切了。當我不再為了迎合他人而督促自己：「要改變，要做得更好，要更好才行。」當我開始尊重自己之後，心胸也隨之開闊。我真真切切地感覺到尊重自己之後，他人也開始尊重我，而當我開始變得幸福之後，身邊的人們也會變得幸福。只要你不是要去孤島獨自過完一生的話，那一定要跟某人維持關係。為了獲得真正的成就，必須為彼此建立真正的關係，不能只是表面關係而已。曾有人這樣說：「我用顯微鏡看的，他人是用望遠鏡來看。」這說明了每個人都是從自己的角度看世界，因此你放在心上的事情，其實他人可能沒有那麼在意。

說好話，是為了自己

言語的力量不只是影響他人，也會影響自己。曾有人說過：「人類的言語本身具備歸巢本能。」就像逆流而上的鮭魚，言語也具有重新回到出生地的本能。也就是說，當我們意識到言語的軌跡是朝向自己的時候，自然會嚴謹使用詞彙。因為話語說出口時，第一個聽眾就是自己。因此，為了要讓自己聽到好的話，得要練習體內廢物排除法，想像將不好的話語丟進馬桶裡沖掉才行。

我當記者已有二十多年經驗，見過無數名利雙收的人。我發現這些站在金字塔巔峰的人們有著共同的特徵，那就是他們違背「狠毒的傢伙才會成功」的假想公式，而抱持著「勝者謙讓」的心取得更大的成功。他們不會強迫他人，而是讓他人真心同感、自動自發，這才是真正強大的說服技能。他們不會破壞對方的心情，懂得如何禮貌地回絕，不抱怨也不批判，不費力氣，只是聰明地給人留下好印象。最重要的是，無論在哪種情況下他們都不隨波逐流，總能聰明地表達自己的想法。因為談話過程總是很愉快，身邊自然就聚集了各種人，甚至讓人願意主動幫忙。簡單來說，就是他們善知「不爭吵也能贏」的道理。

他們總是自信十足地表現自己，使用專屬自己的言語抓住他人的心。祕訣就是他們非常珍惜人與人之間的信賴，即使是極小的因緣際會，也會把它視為黃金般珍視。在這個勝者通吃的年代，如果想提升競爭力、過上美好的生活，最重要的不是工作能力，而是擁有替他人著想的心。當言語成為彼此攜手共同發展的基石，人生自然能獲得成功。

「我明明已經竭盡全力了，為什麼還被罵？」、「為什麼周遭有這麼多討人厭的人？」、「為什麼總是我受委屈？」有許多人正在面對這樣的苦惱，如果始終沒有找出解決方法，可能有必要好好檢討一下自己了。沒有一件事情的發生毫無理由，而且絕大多數問題的起因多半是出於自己。此時需要好好回想一下，自己在過去的交惡關係中，是用怎樣的態度和言語跟對方溝通。在對談中不知不覺中樹敵的情況遠比我們想像的還要多，只是大多數人都沒有意識到這一點。

幸福由幾個要素組成，其中最重要的就是「關係」。人際關係不好的人，成功也有所侷限，因為所有事情的核心都是由「人」所組成。有句格言如是說：

「想要得到蜂蜜，就不要捅蜂窩。」當我們使用粗言惡語傷害或無視他人時，或許在當下可以撈到好處，但自己在將來也必須承受這樣的傷害。

當我們發現，過去對他人付出的關懷也會回饋到自己身上時，就不會再口吐荊棘了。因為粗言惡語對自己毫無益處。如果希望他人能盡心盡力幫助自己，那就必須先得到對方的心，在不強迫對方的前提下，使人自發地伸出援手需要英明的戰略。或許有時某人用言語帶來了傷害，但我們也不應該用相同方式回擊，而是應該像融冰一般，將敵對的氣氛緩和下來。許多聰明伶俐的能人出社會之後容易感到痛苦，大多的原因就是不知道他人會對自己說的話做何反應。

而真正珍惜、認同自己的人，也絕不會犯下使用粗言惡語的愚蠢行為。因為他們知道不傷害自己，也不傷害他人的共榮方法。只要互相尊重、準確表達，就會發現溝通暢通無阻。在不知不覺間，你的周圍就會聚集了一群好人，所有問題也比之前更容易解決。

#粗言惡語會最先重創自己

說出口的話讓我得人心，還是失去人心？

尼可洛・馬基維利（Niccolò Machiavelli）說：「人們知道你的外在，但不知道你真實的樣貌。」他人眼中的自己只是他們認為的我而已，跟實際的我完全沒關係；甚至可以這樣說：「我」是怎樣的人，是根據我如何對待他人，以及我讓對方看到自己哪些面向來決定的。因此，當我們遭遇不公平而鬱悶，或覺得社會對自己的評價不正確時，在釐清是非對錯之前，我們要特別注意自己在他人心中到底留下了怎樣的印象。

最即時，也最強烈地將自己的形象傳達給他人的方式無他，就是「言語」。甚至可以說言語就是我們自己。

不久之前，我接到了某位後輩的電話，電話中的她聲音充滿憂鬱，對我訴說上班的日子實在太痛苦了。我問她為什麼，她說不知道為何總是會遭人誤解，自己也不知道原因。不久前她參與的一個重要案子總算順利完成了，為了慰勞大家的辛勞，某位小組成員安排了聚餐。聚餐當晚氣氛越來越好，接著大家開始輪流站起來敬酒。輪到這位後輩時，她是這樣說的：

「這次雖然很辛苦，我也從中學習許多。想藉這個機會幫自己加油一下，當我說出我的名字時，請大家幫我一起喊聲加油。」

後輩說完這段話後，就大聲喊出自己的名字，在場的公司同事們有些驚嘆地拍手，配合著喊出了加油。然而她卻聽見了坐在旁邊的某位前輩，小聲地說了這樣一句話：

「這不是團隊中的後輩可以說的話吧，只有妳一個人辛苦嗎？」

後輩向我感嘆，她只是想要表達自己之後會更努力工作，沒想到卻被誤會了。她知道自己資淺、能力有點不足，但總是在能力範圍內盡己所能做到最好。如果在公司一直這樣遭人誤會，也不免開始想要離職。

後輩問：「我應該沒有說錯話吧？」當然，她沒有做錯事情。那個聚餐並非正式場合，何況主管也說敬酒詞想說什麼都可以。然而問題不在於說話的內容，而是表達的方式。如果當時她是說：「雖然很辛苦，但是非常感謝有這個機會讓我學習，想要藉這個場合得到前輩們的鼓勵。」那麼就不會被他人誤解成是在說只有自己一個人辛苦了。

工作、人際關係，還有愛情，這世上的所有事情都是從言語開始，也由言語結束。特別是在需要長久維持的關係當中，言語可以說是我們表達自己的唯一手段。同時，我們又常常認為「坦率」是言語中最大的美德。

然而，也有必要檢視一下自己是不是把坦率當成擋箭牌，而急於暴露自身的慾望。特別是在職場上，那些不加修飾的坦率發言完全不顧慮他人的情緒或想法，只是單純表達自己的立場，這樣自然容易產生誤會。在傳達想法的同時，我們也要注意他人的情緒，以及自己所言是否威脅到對方的權利，這就需要很大的智慧。無論如何都必須說出口的話，至少不要讓這次的發言成為阻礙自己前進的路障。若我們說出口的言語能成為照亮前程的明燈，難倒不是更好嗎？

我也曾碰過這樣的人，某位能力稍微不足的下屬犯下小錯時，都會全心表達自己的歉疚與感謝。這個下屬會犯下不少錯誤，也得花上許多時間修改，跟其他下屬比起來能力顯然不足，身為主管也會相當苦惱。不過，當主管指出錯誤時，這個下屬總是會說：「我一定會更努力，幫您分擔責任」、「謝謝您包容我的不足」、「謝謝您的指導」等感謝的話。當這位下屬說出這些好話時，主管自然也不可能繼續責備，甚至還會產生想多多指導他的心情。會這樣想的人不只是我而已，在某個管理階層的餐會中，有人無意間提起這個下屬，當時最資深的主管是這樣說的：「那個小朋友無論去哪裡都會成功的，又有誰聽到那些話後會趕他走呢？」

我該如何表達自己

二十年的記者年資，讓我親身體驗到言語的威力，也意識到說出口的話與金錢有著相同的特性。某個綜藝節目是在路上隨意找人猜謎，如果答對了，就可以獲得一百萬獎金。主持人問如果有了一百萬之後打算些做什麼，答案五花八門，有人說會跟朋友去玩個痛快，有人說先存起來慢慢累積財富，也有人說為了將來會用來進修。相同的金錢，根據使用方法不同，有可能會像灰塵一樣消失得無影無蹤，也有可能獲得更高的利潤；言語也是如此，在相同環境下，面對相同的人，當我們使用的言語內容和表達方式有所不同，對彼此關係、工作，甚至人生都會產生不同的影響。

可能會有人會說：「還是工作能力比較重要吧，說話術算什麼邪魔外道⋯⋯。」但是在個人形象等同於自身品牌的時代，表達自己已經成為重要的實力之一。也就是說，我的表達能力和我的能力已經不可能分開看待。

我們可以捫心自問：我都怎麼表達自己呢？為了得到想要的事物結果，我會使用怎樣的言語呢？我是以言語得人心的人嗎？還是因此失去人心呢？

當然，如果我們一直遇到好人和好的環境，自然不需要去思考這些。但是天有不測風雲，我們難免會不得不去見討厭的人、不得不做不喜歡的工作，或迫切需要他人幫忙時卻四處碰壁的時候。此時，若我們可以正確地表達自己的想法，就有可能使對方改變心意，反過來聽取自己的意見、伸出援手。即使是短短一句話，也都由口而出，因此我們要特別注意表達的言語。因為言語的力量比想像中大，而人生也很漫長。

#狠毒的傢伙不會成功，懂得「勝者謙讓」的人才會成功

「我沒有學過怎麼好好說話。」

如果有人問我再次出生的話，還會選擇當記者嗎？我可能無法馬上點頭說願意。記者這份工作雖然很辛苦，但是相當有成就感，我並不後悔這個選擇。但如果能夠再次出生的話，我希望能夠不用從事如此敏感的工作，我想做可以對他人露出笑容、更有正向影響力的工作。

我當記者幾年之後，轉到專門報導重大事件的社會組。當時每天加班超過半夜十二點，然後凌晨四點去警察局詢問半夜是否有發生事故。如果發生殺人事件，就會糾纏著辦案刑警問那些人為什麼死亡、殺人兇器是什麼、死因是什麼等種種細節。由於站在旁觀者的立場來看待事件，聽到的是不加修飾的言語，而我也不是要寫什麼動人報導，所以從口中說出的言語也充滿偏激和粗俗之言。可能是生活在粗言穢語的環境中，導致我的身心變得極為孤單寂寞，所以常在包包中放著詩集。當時的我，應該是想治療那顆因言語而受傷的心，也是第一次意識到：即使是向他人說出的話，也會影響到自己。

其實在學生時代，我就已被公認是說話尖酸刻薄的人了。因為當時我說話直言不諱，且冷冰冰，無論對象是誰，只要犯了錯，我一定要逼對方認錯才甘心。我認為只有那樣做才是正義的行為，也因為我總是說負面、粗俗的話語，導致在日常對話中無法從自己口中說出讓大家心愉快、或讓他人感覺溫暖的話。

或許這樣的我能把工作做得很好，但是沒有人願意待在我身邊。撇開是非對錯不提，為什麼當時的我沒有意識到，自己的無心之語不僅會給他人帶來巨大的傷痛，最後還會回到自己身上呢？如果當時的我能夠及時知道，言語不僅能把自己的關懷傳遞給對方，自己也會因此獲得正面能量，那麼我當記者的頭幾年就不必時時繃緊神經，也不會過得那樣辛苦了。

回首過往，我從來沒有學習過不讓自己受傷，又能獲得所求的表達方法。許多心理學家指出：理想的自我表達是在傳達出自己意思的同時，還能尊重對方的人格和權利，也就是「主張同感」。然而，只有從事記者這個工作才需要主張同感嗎？其實並非如此。當我們有求於人的時候，首先要聽懂對方的話，在這個過程中還要說服和協商，解決所有問題。因此，「同感」可說是我們生活中需要的生存技能。

稱讚和鼓勵我的那些話

萬一覺得自己很不幸的話，我們有以下三個解決方法：改變他人、改變讓自己不幸的環境，或是改變自己。然而仔細思考便知，即使對方是親近的家人，改變他人的可能行也是極為渺小。而雖然可以離職改變環境，或找其他事情來做，但會出現其他痛苦的可能性很高。再加上這個決定太過衝動，根本沒有解決問題的根源。

我建議的方法是第三個，也就是改變自己。首先，盡可能減少或終止使用錯誤或粗惡的言語，接著把工作和自己分開來思考，即使是開玩笑，如果是在誹謗對方的話也不能輕易脫口。如果不小心聽到不好的話，要努力馬上忘掉，不要聽也不要說粗魯的話，而要刻意鼓勵、感謝和表達親切。把怎樣說話當成人生重要的課題，與人們見面時，要有意識地努力說好話。

「原來像這樣說話，就能正確地傳達我的意思了」、「說好話對我對他都好」，當這種經驗越來越多之後，就會發現從自己口中說出的好話之後，最終好話也會變成好幾倍的禮物重新回到自己身上。

還有一點就是，如果想要維持長久深厚的關係，就需要好的對話，但這並不代表滔滔不絕的口語能力是必要的。當你找不到適合的言語傳達心情時，不需要說其他話，只需要重複對方的話表達同感就可以了。

現在的我多少有點鬱悶，為過去那段無法說出好話和對的話、口吐荊棘的時光感到極為惋惜。在那段時間裡，我到底錯過了多少貴人，和原本可以體驗到的美好經驗呢？

每當我想起過去那個為了不讓人看扁、覺得自己好欺負而特意使用粗言惡語的自己，就會感到非常可惜，然後加倍地對他人說出好話和溫暖的話。不需要指責過去的自己，只要稱讚和鼓勵現在每一天都在努力的自己，因為後悔和自責對人生毫無幫助，沒有理由一直用言語重複過去的錯誤。我們要做的是：把注意力放在現在的自己身上，為了成為更好的人、為了得到幸福而努力。

#不好的話語就丟進馬桶裡沖掉

具備實力的人比比皆是

位於美國矽谷的 Facebook 總部，在牆壁上用大字寫著這樣的句子：

「這裡是技術公司嗎？（Is this a technology company?）」

寫在職員們往來的走道牆壁上的這句話，充分表達了 Facebook 嚮往的價值觀，以及商業藍圖中的互相矛盾。Facebook 由天才軟體設計師馬克・祖克柏（Mark Elliot Zuckerberg）在二〇〇四年創立，以有史以來最短的時間發展為全球最大規模的社群網站企業。能夠完成這樣的偉業，其中究竟有什麼祕訣呢？

Facebook 藉高超的資料分析幫助使用者建立關係網路，同時讓使用者能隨時從中找出精彩內容。便利的使用方式在企業飛升上固然佔了很大比重，但這並

非Facebook成功的根本原因。我認為，「對人的深切關心」才是Facebook成功的主因。谷歌等眾多龍頭企業也擁有無數的資料和技術，但始終在人際關係網路支援領域無法超越Facebook，其原因就在於此。到底是要選擇技術，還是把人放在第一位呢？在這個問題上，Facebook首先選擇了「人」。

這一點，從天才軟體設計師馬克．祖克柏的行事方式可以一窺究竟。當他仍就讀哈佛時，同時選修了電腦和心理學。在某個雜誌的訪談當中，祖克柏亦特別強調「共感」的重要性。祖克柏說：「人們最感興趣的並非是技術，而是其他人。」對他人真誠的關心、以人優先的價值觀，正是祖克柏技術革新的基底。

如何抓住人心

身為負責經濟版面的記者，我在職業生涯當中曾見過無數的CEO。有趣的是，他們的共同點跟祖克柏並無太大不同。他們都這樣說：

「無論做什麼事情，『人』都是核心；獲得真正成功的關鍵，在於有沒有抓住人心。」

在某個高階主管的座談會上，某位CEO也因為相同理由，斷言選拔人才的基準是「人品」。如果人品不好，無論那個人的能力多強，永遠都無法抓住人心。只有不計較得失幫助他人、懂得分享成果，且處處替他人著想，才有可能創造出最棒的佳績。在場所有人都不反對這項主張，而公認為卓越天才培訓師的這位CEO說：「在兩到三年內，觀察一個人說話的模樣以及經常使用的言語，可以看出這個人是否能夠爬到最高的職位，或是頂多到達哪個位置。有實力的人非常多，但是能不能把實力發揮到極致，還是端看『人品』。」

美國哥倫比亞大學曾經對社會上數百名成功CEO進行成功祕訣的調查：「您和您的公司能夠成功的原因當中，最重要的祕訣是什麼？」針對這個問題，回答是因為高超技術或工作能力的人不到一成五，其他八成五的人都回答：能夠成功的祕訣，就是打造美滿的人際關係，以及端正的組織文化的「共感能力」。另外一項長達十多年的調查結果顯示，當公司解僱員工時，超過九成五的原因並非工作能力不足，而是人際關係問題。

無論世界如何快速變化，想要爬到夢想的職位、過上成功人士的生活，光靠工作能力是遠遠不夠的。比起實力，人品和態度更為重要。如同前文當中的CEO所言，實力強的人很多，但是品性溫和、懂得以人優先、知道如何抓住人心，才是把握成功之道的稀有人才。

心理學者阿爾弗雷德・阿德勒（Alfred Adler）這樣說過：「不懂得關心他人的人，在人生中遭遇巨大苦難時，也會給他人帶來巨大傷害和危險。生活中的所有失敗都會發生在這類人身上。」

在國際企業上班的F因為工作效率高、頭腦反應快，主管們都很信任並愛護他。可是，主管們在無意中聽到其他下屬對F的評價，傳聞F為了自己的績效，連靈魂也願意賣給惡魔，不僅會搶奪後輩的工作成果，對於幫助自己的同事也時時催促，過程中甚至毫無忌憚地口出惡言。

即使是完成了不可能任務的後輩，F也會責備他們：「只能做到這樣嗎？真的很沒用。」而那些做事稍微慢一點的後輩，除了遭受藐視之外，竟還得承受口無遮攔的人身攻擊。即使F眼中只有自己，還是一路扶搖直上。身邊的人看著這樣的F，忍不住感嘆老天不長眼，到底還有沒有公正可言。在這個惡人當道的不合理世界，有些人因此受到傷害充滿憤怒，更有許多職員因為受不了F選擇離職。只有少數F信任並需要的極少數同事留了下來，並跟他建立了虛假關係。

這樣過了幾年之後，或許是因為世界上沒有永不透風的牆，F在過去犯下的貪污和瀆職遭到揭發，隨即失去一切、痛苦難熬。由此可知，踩在他人的痛苦之上，還可以善終的人是少之又少的。

#只要聆聽他人使用的言語，就可以看出他會到達哪個位置

把關注放回自己身上

每次見到在化妝品公司上班的C，我都覺得她總是敏感易碎，很容易因為同事的一句話就受傷，總是因為他人感到痛苦和不平。C天生對身邊的人一言一行極為在意，總是把他人的事情放在心上，由於太過在意他人對自己的看法，無論何時她都會過度誇大自己。

在意他人的評價，會讓自己像砧板上的魚肉任人宰割；花太多時間力氣看人臉色、與他人比較，也很容易產生猜疑和妒忌。過分在意他人如何看待自己時，就會開始迷戀能一眼看出價值的流行名牌包，也開始編織謊言，說自己常常去那些國外名勝古蹟遊覽，事實上卻根本沒有去過。

C搞錯了一件事，那就是她以為身邊的人都相信自己說的謊言。千萬不要忘記，無論是誰都有區分謊言和真實的判斷力。因為C不愛自己，即使聽到他人稱讚或是正面回饋，始終不相信這些讚美之詞。她總是認為他人內心一定另有想法，所以這些話只能聽聽就好。無法坦率地表達自己的想法，引起意想不到的誤會也就是家常便飯的事情了。

像這樣太過在意他人眼光、嫉妒心強，無論何時都擔心他人會揭自己傷疤，總是緊鎖心門的人，都有著怎麼樣的特徵呢？

這些人並不認為自己很重要，也就是「自卑」。其實，在如此忙碌的日常生活中，大家連好好看看自己、把注意力放在自己身上的時間都不夠了，怎可能還有時間去對他人品頭論足呢？

不過即使是我自己，在過了三十歲之後依然無法好好地愛自己，並用真實的樣貌過活。二十多歲的時候，我忙於就業和生存；到了三十多歲，在媒體業落腳後稍微覺得生活穩定，卻在意起他人的眼光，總是把重要的自己排在最後。等我發覺這個世界除了「我」，任何事情都不重要、他人的眼光如何毫無用處時，我的青春時光也差不多走到盡頭了。由於我太晚領悟這點，從此之後，我便頓悟如果剩餘的時間繼續這樣活著，實在太愚蠢了。

把「我的心」放在零順位

在萬分後悔之後，我決定改變自己人生的優先順位。我把原本重要性排在最後的「我的心」拉到了零順位，開始專心構築自己的世界。如今我的口頭禪是「Anyway」，也就是「隨便吧」。當然越早領悟越好，但趁還不會太晚之前開始改變自己也是好的。現在的我每天都是人生中最年輕的一天，有時我也會回想起那個已經不復記憶的孩童時期。

在小時候，無論是誰都愛自己。孩子們從不猶豫表達自己的重要性，以及大聲說出想要的東西。只是後來社會告訴我們，這樣表達珍惜並愛自己是不禮貌，且違反社會規範的行為，我們便不再那麼做了。過去的我也是這樣被教育的：貶低自己是關照他人，自我犧牲是美德。

十九世紀的英國天文學家約翰・赫歇爾（John Herschel）說：「自尊是所有美德的基石。」如果不能認同自己是有價值的存在，又怎可能去關懷愛護他人呢？自尊心是人類在遇到人生逆境時，相信自己擁有突破重圍的能力、只要努力就可以取得成果的某種信心。

如果支撐自己的心足夠堅定，無論遭受怎樣的批判或犯下錯誤，自己的心也不會像風中的燭火一般搖擺不定。面對人生的挫折可以從容應對，自我修復能力提高之後，也不會出現憂鬱症或躁鬱症等精神上的疾病，如同安裝上可以戰勝壓力的鋼鐵護甲。

相反地，自尊心低的人會把嚴重的自卑感表現出來，導致無法維持美好的人際關係。因為用著扭曲的眼光看待世界，無論他人說了什麼都會曲解真實，甚至引起意想不到的誤解。

那麼，有什麼可以提高自尊心的方法嗎？

世界暢銷書書《你的誤區》的作者偉恩・沃爾特・戴爾（Wayne Walter Dyer）是這樣定義愛的：「如果我們所愛之人為了自己做出選擇，無論我們喜不喜歡，都要學會認同對方的能力和意識。」聽起來好像沒有什麼特別之處，然而事實上大多數人都不懂得允許他人選擇不符合自己期待的事物。

提高自尊心的方法其實很簡單。那就是把注意力放在自己身上，認為自己是最重要、富有價值的。當我們認為自己很重要、很優秀，根本不需要對他人強調以認同自己的價值；充滿自信的時候，也不需要因為他人的視線改變自己。最後，我們就會寬容待人，並真心替人著想。

到達這個境界之後，我們就不會再有精打細算的愛了。不是想要得到回報才付出愛，而是幫助他人、去愛他人這件事情本身就很愉快。當我變得幸福，他人也會因此喜歡上我。相反地，如果認為自己不重要、沒有被愛的資格，那更不可能對他人付出愛。因為內心不夠從容，認為自己沒有價值，自然會認為愛是不值一提的事。什麼都不是的自己，又怎麼可能愛上別人呢？

內在世界（Inner World）堅固、自尊滿滿的人總是帶著愉快樂觀的能量，自然會散發魅力。正是因為不因他人的評價搖擺不定、總是堂堂正正，也就不需要過度誇飾自己，可以坦率展現自我，這是高自尊人的共同點。

不用想得太複雜，自己的價值由自己決定，不需要任何人認可。我是這個世界上獨一無二的存在，存在本身就已經很足夠了，跟我的行為或過失完全無關。放下那把嚴苛規範自己的尺，從現在開始練習愛自己、把關照放回自己身上，就是讓今天的自己比昨天更幸福的唯一途徑。

#我的心是零順位

不隨波逐流，堅定做自己

我曾看過一部戲劇，因為感到共鳴而留下了深刻印象。這部反轉韓劇《耀眼》，講述的是患有阿茲海默症的主角金惠子幻想出來的故事。主角金惠子的腦中故事是這樣的：惠子以為自己回到過去，拯救了因車禍死亡的父親。父親重新活過來了，但是付出的代價是惠子失去了夢想、愛情和年輕，變成人生毫無期待可言的老人。變成老人的惠子除了壓抑內心的矛盾和煩惱，還要自我安慰，但她面臨的現實依然極為殘酷。父親雖然撿回了一條命，但失去了一條腿，成為殘疾人士；母親則只能在一旁勉強苦笑，陪伴著他。惠子的男朋友也因為突然失去了女朋友，對未來不再抱持期待。惠子意識到這些都是因為她回到過去所付出的代

價，同時，她也領悟到如果她再次回到過去，就必須付出其他犧牲。因此，她最後放棄了對過去的執念。當她領悟到這個世界上沒有任何一件事情是白白獲得時，說了這樣的話：

「等價交換原則是真的存在。如果你想擁有什麼，那一定要付出對等的犧牲，這個世界就是根據等價交換原則來運轉的。」

等價交換是經濟學上使用的用語，指的是某項商品的價值或價格進行對等交換。這裡的價值不是單是指商品的用途，也就是說不只有使用價值，還包含了製造商品所花費的所有勞動時間，也就是生產過程的價值。這個概念包含了製造某件物品流下的汗水、付出的努力和時間。

無論我們追求什麼，人生都是如此運作。想要獲得幸福、成功或其他任何東西，都必須付出對等的努力和犧牲。因此，如果想要擁有社會認可的優良品德、提升人品，就必須付出對等的努力和自我訓練。

當人們注視我的時候

我有一位後輩，工作能力比同齡人優異，但人際關係總是出問題，甚至被主管直接指出態度有問題。他來向我求助時，我這樣告訴他：

「你可以每天記錄自己最常說的單詞，並好好琢磨他人對你行為的指點。像這樣每天持續記錄與思考之後，就會自己找出問題的答案。」

這位後輩遇到不順，總是會把過錯推給旁人，或說老天爺不幫忙，卻完全不去思考自己該如何努力，因此我對他提出了嚴厲的忠告。幾個月之後，後輩給我看了他所寫的習慣日記。他說即使再忙，每天也會花五分鐘去反思當天的言行舉止，慢慢地發現了自己的問題所在。如今，他每天早上醒來時，都會有意識地冥想，提醒自己要好言好行。

如果想讓世界站在自己這一邊，最需要做的就是把注意力放在內在，讓自己保持正直。那些破壞人際關係的情緒其實都源於自身，因為根據看待的方式，發生在自己身上的問題影響力和重要性就會截然不同。

當人們把目光放在自己身上，就會知道最重要的是如何解讀，也就根本不需要為了引起注意而刻意誇大行為舉止，自然不會任由他人的評價左右情緒。我們要知道，不只是不需要對外部刺激過於敏感，即使受傷也要學會自我治療。意識到自己是這世上最尊貴的存在、不可以隨便對待自己，當然也就學會了對自己說好聽的話和使用肯定的表達。

如果把自己的不幸和問題都怪罪於他人，我們永遠走不出自己打造的憂鬱和束縛當中。

某位就讀鄉下大學，只考到F學分還滿臉青春痘的青年，搖身一變成為年收入十億的優質男，這樣戲劇性的成功在 YouTube 上掀起了討論話題。

這位青年原本無論是外表或學歷都一無所有，他為了改變自己的人生，十多年來閱讀了相當多的書籍。為了讓書中所學能夠真正成為自己的東西，他打造出屬於自己的閱讀法。實行方法如下：

第一次閱讀時對某部分有感觸，就先把那一頁摺起來；之後再次閱讀時，用括號標記並寫下簡單的感想。如果想寫下的太多，也可以記錄在電腦文件理，隔天再讀一次括號內的內容，接著是五天之後再讀一次，然後是三、四個月後再讀一次。

這位青年認為：「人是健忘的動物，能做的唯有複習而已。」他透過重複閱讀的方式，將書中的重點內容化為真正的智慧，同時也向社會大眾分享自己做過記號的三、四十本書籍。

這位連應徵遊戲公司工讀生一職都慘遭拒絕數十次的青年，現在已經是三個法人的CEO了。在這個過程中，他付出許多不為人知的努力，費盡十幾年嘔心瀝血後，才發現人心所向和組織運作的原理。最終，從一個日常對話都備感辛苦的邊緣人，搖身成為可以在幾萬人前侃侃而談的楷模。

無論是以閱讀、反省還是冥想等方法試圖改變自己，如果只嘗試一次是遠遠不夠的。必須擁有堅定的決心和執行力，才能剷除所有使自己痛苦的障礙，變得更幸福。

當你持續努力的時候，想法就會轉變成為信心，並成為改變的旅途當中引導前進方向的最強武器。這種時候，你所需要的不是才能，而是意志力。無論遇到哪種情況，只要保有意志力都能愉快地面對挑戰。付出這種代價所獲得的成功是截然不同的，你也不會再隨波逐流，可以成為堂堂正正的自己。

#把一天中使用次數最多的單詞記錄下來，就會發現問題所在

我只想給自己最好的

當我告訴大家，要使用好聽的話替換誹謗、怪罪等言語時，有些人會這樣問：「如果為人隨和，被他人認為好欺負該怎麼辦呢？親切的態度不是很容易被利用嗎？」

許多人認為在這個不先主動吃掉他人，就會馬上被他人吃掉的弱肉強食的社會中，總是說好聽的話反而會被視軟柿子，最後勢必會吃虧。但這是因為大家只知其一，不知其二。

我們可以捫心自問：為了不讓自己受傷而對他人出言不遜時，最終真的如願以償的經驗，究竟有幾回呢？事實上，我們從口中扔出的利箭不僅無法碰觸到對

方，反而會成為他人攻擊自己的理由。

踏入社會的第一步開始，我們始終站在弱者的位置上，無論多麼強烈地主張自己的意見，都很難讓那些佔上風的強者同意並貫徹我們的主張。然而口吐荊棘的我，從口中發射出去的箭就是讓自己面臨苦笑不堪局面的主因；嚴重時，還會因此陷入反遭攻擊的泥淖。這就是務必改正溝通態度的真實原因，用好聽的話取代難聽的話，藉此獲得想要的結果受益，才是賢明的策略。

所謂「好聽的話」並不是為了他人而說，而是為了自己。「好聽的話」在此指的是「不傷害對方也不讓自己受傷，把想說的話表達出來，最終得到想要結果的能力」，這也是性情溫和的領袖們不被小看，還能笑對傻瓜的談話技巧。

進行這樣的溝通之前，首先要區分在自己內心毫無壓抑和犧牲的前提下說出的好聽話，和為了獲得最大成果所說的好聽話。此時的一大前提是：說好聽話的最大目的不是為了他人，而是為了自己。在這個意義下，真正的好聽話並非掩蓋自己無能或脆弱的工具。不只是對自己，在對他人也能說出有益處的話時，才能發揮真正強大的力量。

你是否常常擔心對他人說出關懷之語時，可能會耗掉自己的正能量，或是遭人利用？其實明智的幫忙，同時對他人和自己說出關懷之語，反而會帶來活力，最終獲得實質的利益。

會對自己說出溫柔話語的人

有個研究發現，對他人付出的關懷跟自己的健康有著密切關係。這個研究是在澳洲進行，對兩千多名六十歲以上的成人進行了調查，結果發現一年當中花上一百至八百小時在做義工的人，比低於一百小時或高於八百小時的人感覺更幸福，生活滿意度也更高。

同樣的研究在美國進行後，也發現做志工時間一百小時以上的人，比起不這樣做的人生存率高上許多，這就是關懷的「一百小時法則」。研究顯示一年花一百小時（也就是一週兩小時）從事幫助他人的志工活動，其幸福感、滿足感、自豪感都大大超出不這麼做的人。如果我們一週犧牲優先順位上的其他事情，或不去做力不從心的事，就可以使用這兩小時帶來有意義的改變。

我認為這個方法也適用於我們說的話，在合理的範圍內符合自己期待的同時，對他人說出的關懷言語可以帶來更多的自豪和幸福感，這也是在培養自己的價值觀和自信心。何況這些關懷的言語，事後會變成實際的幫助回到自己身上。因為根據互惠原則，人們感受到他人的關懷和親切之後，本能上一定會想方設法回報對方。

因此，我在推薦說好聽話時，都會叫大家要記住「我的一百法則」。不是把焦點放在他人或世界某個地方，而是百分之百集中在自己身上，然後選擇對自己有益的話來說。把朝向他人的箭收起來，把關心的對象侷限在自己一個人，當我下定決心認為自己很尊貴時，自然就會說出好聽話。

從我口中說出的話，首先聽到的人就是自己，我當然不可能對如此尊貴的自己說粗言穢語。

當想說自虐或否定自己的話時，口中就會說出惡劣悲觀的話；只有能夠對自己說出溫柔話語的人，才有可能對他人說出好話。而當我們越努力對他人說好話，就會越喜歡自己，自豪感也會隨之增加，這才是真正的好聽話。擁有力量的好聽話，會使人生進入良性循環。

#擁有力量的好聽話，使我們的人生進入良性循環

第二章

不爭吵就能獲勝的人，說話方式與眾不同

有些人會質疑：「會說話有什麼用」、「不過就是一句話」，
然而言語跟行動同樣重要，對我們的人生有著決定性的作用。
言語可能帶來畢生的傷痛，也可能激發潛能，進而顯著成長。

比爾．蓋茲（Bill Gates）曾說：
「我們都需要能給予好的反饋的人，
這就是進一步成長的方法。」

因此，無論我跟誰見面，
都會努力找出對方的優點和潛能，並具體告訴對方。
對方可能就因為這樣的一句話，
發現自己未曾察覺的才能，因而快速成長。

「我能如何為您效勞？」的力量

R前輩一直是上班族，後來總算下定決心出來創業，打算用自己的名字創立品牌行銷公司。為此，他動用了過去累積的所有人脈，終於成立了公司。後輩們也紛紛拍手鼓勵，希望R前輩能順利躋身成功人士的行列。

不過，R前輩的品牌是和相識許久的朋友們共同創業，企圖以共創立品牌並導入先進行銷手法謀求商機。然而這些合作夥伴卻逐漸離開了R前輩身邊，當然某部分原因也包括跟投入的資金相比，獲得的利潤太少了，但是引燃的導火線似乎是R前輩的自私行為。

「你能幫上什麼忙嗎」、「好好想一想你能幫我什麼」、「那個不錯，也給我一個吧」……R前輩在聚餐時，總是習慣性說出這類貪婪無禮的話，與他共事的朋友們不禁感到厭煩。包括合作伙伴之一的C代表最後也選擇離開。C代表曾經暗示性地說過：「以為他人的時間和資金都要用在自己身上的自私傢伙，是沒有人會想要一起繼續走下去的。」

由於我現在就職於經濟方面的報社，一年內會舉辦好幾次的經濟論壇，偶爾甚至會在飯店內一口氣舉辦二至三天的活動。當論壇規模越來越大，不只是基層的記者，就連中高階主管也會為了活動忙得不可開交。這是公司相當重視的活動，必須聯絡平常往來密切的人，或與對方公司的宣傳部確認賓客能否出席。

活動中，我被指派至迎賓工作當中，因此需要保持謙恭的態度。終於到了論壇當天，我跟同事們都忙於迎賓，在忙得差不多後才抽空休息，此時有同事這樣說：

「來這裡參加論壇的人，都是我們將來離職後就太不可能再有聯絡的人。現在對他們好其實一點用也沒有，只是在做表面工夫而已。」

其他同事們似乎相當認同，都紛紛點著頭，但是我說了這樣的話：

「我覺得應該還是會跟他們有所來往吧？我是否離職或他人是否仍在其位都

沒有關係。」

某位後輩原本只是安靜地聽著大家聊天，聽到我這樣說之後忍不住說：

「部長您應該會這樣說沒錯，N集團的人也說部長您是非常特別的人。」

雖然後輩也沒有聽到確切是什麼事，但依他所言，N集團當中的某人應該對我評價很高吧。也就是說，我已經擁有站在同一陣線的友軍了，於是大家開始問我有什麼提高身價的祕訣。我給他們的答案也極為簡單，那就是無論對方是誰、無論自己處於哪種環境，都可以跟對方說：「我能如何為您效勞？」

會這樣說，並不是因為自己有什麼偉大的慈悲心或自我犧牲的精神。一開始會使用這句話，單純是為了提高工作效率。大部分來找我的人，都是來請我寫新聞，或是需要工作上的幫助（不只是我，應該大部分上班族都是如此）。但是當要拜託他人或請求幫忙時，人們總是很難乾脆地說出要求，大都需要花點時間躊躇不前。

可是，我每天要接的電話和需要回復的郵件都已多達數十通，天天必開的編輯會議也有四場。除此之外，宣傳部突然來電拜託某篇新聞一定要刊登，或代理商突然來電要求再看一次他們的郵件等瑣事也接連不斷，同時還要指導後輩的採訪，以及決定即將刊登新聞的優先順序和版面製作，這就是新聞記者忙亂的工作日常。在如此混亂的工作環境中，我為了節省時間，都會先開口詢問前來找我的人：「我能如何為您效勞？」也就是說，我希望對方不要繞著彎子說話，要「簡單地說出自己的要求」。

先播種，才能收穫

當來找我的人想拜託的事情很困難時，聽到我主動能幫您什麼，都會因為這句意想不到的話大受感動。其實我只是想要節省時間，才希望對方說話簡單扼要罷了。但看到對方感動的神情，我也不自覺產生想要幫助對方的心。有能力幫助他人一事本就值得感恩，將來的某一天，我可能也會需要他人的幫忙，此時的助力就有如儲蓄險一般預存了資本。就有如俗諺所云：「先播種，總有一天會獲得收穫。」對他人伸出援手也是如此。

因此，無論在職場上的位階高低，我都會有意識地對前來的人問：「我能如何效勞？」甚至只是打招呼時，我也常問對方：「您需要什麼嗎？有什麼我能幫上忙的地方嗎？」無論對方有沒有需要幫忙，我把「先伸出援手」作為原則之後，沒想到反而得到他人許多的幫助。

每當我為寫不出新聞或專欄傷腦筋時，幫忙整理新聞素材的採訪人員就會接踵出現。有人手寫了一張「請好好加油」的卡片、有人用通訊軟體送一杯咖啡，幫我加油打氣。在辛苦的日常生活中，這些舉動對我來說，是比維他命更有用的振奮劑。甚至還有許多人是我根本不記得是否曾經幫助過他，但主動打電話來告訴我：這次換他幫助我了。

在這個時代，但能不計較得失、幫助非親非故的他人或許看起來相當愚蠢。忙碌時期還要花時間照顧他人，難免造成負擔，然而人生並不是只根據競爭理論運作。抽出一點時間、先伸出援手，說不定自己會更得到更多益處。

許多人會認為幫忙他人很麻煩或沒有用，原因在於他們只看到眼前的東西。累積信任感和信用度，雖然需要付出時間和精力，但是這些善意在未來都會加倍回饋到自己身上。

世界暢銷書作者亞當・格蘭特（Adam Grant）在《給予：華頓商學院最啟發人心的一堂課（Give and Take）》中打破了「強大狠毒的人才能全盤接收」此一長久支配我們的成功觀念。他認為「再忙也願意幫忙他人、盡全力分享自己的智慧和資訊、願意為他人讓出自己利益的人」，也就是「給予者（Giver）」，才是站在成功階梯最頂端的人。

相反地，「索取者（Taker）」只有在回報大於自己的付出時，才願意策略性地幫忙他人。給予者為了他人的利益提供幫助、給予建議、分享成果、介紹人脈；這些先付出的行為，反而幫助他們提高日後的成功機率。與此同時，當給予者成功時，人們不會想扯他後腿，反而會主動給予支援，而只懂得向他人索取的人成功時，就容易遭人嫉妒。

「給予的人才會成功」，絕對是需要記住的最大原則。

我認識一位H作家，是不太會說話的人，更不習慣說好話，一考慮就覺得要起雞皮疙瘩。但他為了好玩，便決定親自測試「主動詢問效勞」是否真的有效。

有一天，他接到鮮少聯絡的某位後輩的電話，猜想對方應該是有事相求，於是就先下手為強地問：「我有什麼能幫忙的嗎？」沒想到簡單的一句話竟讓後輩深受感動，不停表示感謝。

對於實驗結果，H作家是這麼說的：「其實我後來並沒幫上什麼忙，然而後輩掛掉電話之後，仍然馬上傳來讓我倍感負擔的謝意，還用通訊軟體狂送禮物給我，真是意想不到的有效啊！」

不需要想得太複雜，只要思考一下自己能為身邊的人提供哪些幫忙就可以了。當然，是在己力所及的前提下，如果是不擅長或狀況困難的事情，也只需誠實以對。這樣做，對他人來說相當於溫暖的關懷，便會時時放在心上。

像這樣先問他人「我能幫您什麼嗎？」之後，不知不覺中身邊的人（甚至不認識的人）都默默支持著我。即使沒有很積極地付出幫助，至少也不會成為敵人。沒有敵人，人生當然更加輕鬆自在了。

今天的你有幫助過誰嗎？有沒有人因你而受傷呢？

裘德威旅館集團（Jose de Vivre Hospitality）創辦人奇普・康利（Chip

Conley）這樣說過：

「『付出』在百米賽跑中看起來毫無用處，但會在馬拉松中發揮真正的價值。」

#我能幫您什麼嗎？即使只說了這句話，也可能在某一天得到回報

記住對方的名字

我在報社任職期間，也遇過許多不同的前輩。有一位前輩最令我印象深刻，他每次和別人說話之前，都會先喊出對方的名字。

「是熙正啊，有什麼事情嗎？」

就像這樣，如同詩句所描述的：「在我呼喚他的名字時，他向我走來，就成了一朵花。」不知不覺中我認為自己對前輩來說是為數不多、具備存在感的人，也漸漸對這位前輩付出信任，並跟隨他的腳步前進。不管我多忙，只要這位前輩需要協助，一定二話不說馬上站出來；當我自己遇到各種苦惱時，最先去找的人也是前輩。現在我和前輩還在同一個業界工作，但是我們已經成為彼此在職場上最堅強的後盾了。

不知道是不是受到這位前輩的影響，某一天起，我在稱呼他人時，也會用名字代替職稱。特別是面對後輩時，無論是公事還是私事，我都會先喊出對方的名字：「某某，今天狀態不錯喔。某某，今天午餐吃了什麼呢？」

喊出名字的瞬間，我的心境也產生了變化，感覺在腦中重新銘印下對方的印象。我的經驗是無論接下來要進行怎樣的對話，以名字起頭時，說話的語調就不會過高，也可以愉快交談。某位在公家機關上班的後輩，可能覺得我這個習慣很不錯，也開始在跟同事交談前喊出對方名字，沒想到效果驚人。後輩說，在氣氛呆板的政府機關內，他們幾個人互相以名字稱呼之後，竟度過了相談甚歡的午餐時光，甚至還產生了會成為彼此職代的某種歸屬感。

事實上，在ＣＪ集團等大企業內，也是宣導用名字取代經理或部長等職稱。其方法就是在名字後面加上表示尊重對方的「先生／小姐」。一開始可能會有點不習慣，但是時間久了就會讓職員們感受到平等的對待。無論是ＣＪ集團的執行長「李在賢先生」或是一般職員都是公司內部寶貴重要的存在。

美國第三十二任總統富蘭克林・德拉諾・羅斯福（Franklin Delano Roosevelt）能夠入住白宮，競選管理委員會主席詹姆斯・法利（James Farley）便扮演了決定性的角色。他在某次受訪時被這樣問道：「聽說您可以記住一萬人的名字？這就是您成功的祕訣嗎？」

他這樣回答：「你說錯了，我可以記住五萬人的名字。」

詹姆斯・法利在羅斯福開始競選造勢前，就先在美國西部進行巡訪了。在那之後，為了給拜訪過的每個地方的人寫信，他便搜集了名冊開始寫信，並使用「親愛的某某」等較為親暱的方式開頭。這樣做的結果如何呢？只是記住對方的名字並溫和地稱呼，就讓羅斯福陣營的支持率大幅提升。

也有人利用這個心理賺進了數百萬美金，這個人就是世界鋼鐵大王安德魯・卡內基（Andrew Carnegie）。卡內基在事業草創時投資臥舖車，但跟喬治・普爾曼（George Pullman）這位實業家競爭相當激烈。兩家公司彼此削價競爭，希望吞併對方。最後，卡內基去找普爾曼提出共同經營的方案。普爾曼之所以會同意在合約書上簽字，是因為卡內基說了這樣一句話：

「我們共同經營的公司名字就叫做『普爾曼車廂公司』吧。」

能夠記住朋友和同事的名字，還願意抬高對方的名字，這就是卡內基成為世界級大富豪的最重要祕訣。

人會因極為微小的事物改變

人大多要等年齡增長之後才會開始這樣想。那就是能夠觸動人心的並非什麼特別的事物，反而是極為微小的東西。只是人們更不知道這些小小的差異也會帶來意想不到的成果。

兩到三世紀前的富豪們為了讓自己的名字能夠出現在特定作品上出資援助或照顧了許多作家們。如今我們能在世界各地博物館看到無數藝術品，其根本也是因為藝術家們有想要留名千古的慾望。能夠被記住並受到認可或許是人類最基本的慾望。

因此，我與人初次見面後，就會在收到的名片上仔仔細細地寫下對方的特徵、興趣和喜好等。跟對方分開之後，一定會發送簡訊跟對方說「某某，今天見到你很開心。」這是為了告訴對方我已經記住你了，你對我來說是有意義的存在。這樣做也能夠幫助自己再次在腦中記住對方。

從出生以來，你除了家人和朋友以外，能夠記住幾個人的名字呢？大多數人跟某人見面交談之後，不要說名字了，可能連長相都記不住吧。如果不能記住對方的名字，也就會忘記對方這個存在。

如果我忘記對方的話，對方當然也會忘記我。如果你想擴大自己的世界，建立自己的團隊一起前進的話，那就必須記住他人的名字。

從他人口中聽到的話語中，絕對沒有比自己名字更加甜美和重要的了。

#我呼喚了你的名字，就成為了一朵花

重新檢討說出口的每一句話

許多心理學家這樣說：「對未來充滿期待、積極地思考、心態樂觀正面的話，會讓我們的人生變得幸福快樂。」如果我們能夠有條不紊地、樂觀地處理人生中遇到的所有問題，那就可以反敗為勝，弱點也可以變成最棒的優點。希望自己能夠如此的話，那就必須在日常生活中努力改掉壞習慣、減少自卑和憂鬱。

當然會有各種方法，但是有一個方法是我常銘記在心且努力實行的。這個方法不會太難，也不複雜。那就是「注意自己說出的話。」

語言的潛意識會在我們內心深處落地生根，不知不覺中支配我們並起到無形的作用。保羅・科埃略（Paulo Coelho）的《牧羊少年奇幻之旅》的經典名言之一是「當你真心渴望追求某種事物的話，整個宇宙都會聯合起來幫你完成。」語言是種子，它通過潛意識扎根後，就擁有了足以撼動宇宙的強大力量。

福斯・赫爾穆特（Fuchs Helmut）是心理治療師，同時也是經營管理培訓師。他說：「人們說出的話除了傳遞自己的內在資訊，同時也會影響自己的內在情緒。」言語是人們表達自己內在狀態的工具。因此，身體累的時候會一直說「好累」也是理所當然的。但如果這時候我們故意大聲說「沒關係」、「我非常好！」、「加油」的話，背部就會自然挺直，把空氣深深地吸到腹部，心情自然就會轉好。

用掃帚掃掉負面話語

因此，無論我遇到哪種情況，我都會努力不從自己口中說出負面的言語。我特別會注意的是「壓力」這個單詞。不可能沒有人過著沒有壓力的生活，更何況記者這個特殊職業，隨時喊著「壓力好大」是習為為常的事情了。甚至可以說記者們每天最常說的話就是「壓力好大，我快死掉了。」

可是像這樣說出口之後，壓力真的有可能帶來死亡。負責報導政治新聞的某前輩在我這個年齡就離開人世了，死因就是壓力過大。前輩性格敏感，又是完美主義者，常常因為工作備感壓力。想到前輩的悲劇，我至今仍感傷不已。

當然生而為人不可能過著完全沒有壓力的生活，我想跟大家說的是，要盡可能避開非必要承受的壓力，同時也不要過度沉浸在現有的壓力當中，提前想好走出壓力的對策才是聰明的做法。

因此，說話習慣是最重要的。不可能完美地斷絕壓力，但是極度疲累，或感覺情緒變得暴躁時，就會提醒自己深呼吸。接著，有意識地在腦中努力避開那些慢慢冒出來的「好辛苦」、「要瘋掉了」、「壓力好大」等聲音。就像用掃帚輕輕地打掃院子一般，把髒東西通通清除掉。然後，用「加油」、「你做得很好」、「目標就在眼前」、「快完成了」等可以幫自己加油打氣的言語代替那些負面言語。或者，也可以刻意大聲說出想要的結果，像是「非常完美」、「滿分」、「太帥氣了」、「你是最棒的」這些正向鼓勵的話語。

當我們從口中說出好累的瞬間，身體會馬上根據這句話做出反應。太過緊張或消化不良時，會突然頭痛；說出肚子痛的瞬間，就會真的感覺到隱隱作痛；說好像重感冒的瞬間，聲音也會開始變得低沉。

大腦會因我們說的話探測到即將到來的變化，導致身體提前作出反應。也就是說，我們並不是因為即將發生的事情受苦，而是壓力產生的想像在折磨我們。當我們因某件事緊繃時，如果不將其視為壓力，而是改變心態，當作可以展現自身優勢的有趣挑戰，又會如何呢？

「只是一件小事，我就做做看吧，不知道之後還有沒有有這種機會呢。」如果這樣說，就不用遭受頭痛，或陷入憂鬱。

約兩千年前的斯多葛學派曾言：「世界上沒有不好的東西，只是我們看待世界的方式錯了而已。」

那些沒有任何背景、靠著自己從小職員一路升到公司最高管理階層的CEO們，有一個相同特徵，那就是不說負面的言語。他們總是強調「危機就是轉機」，無論拜訪客戶或專業經理人，都會口徑一致地說：「現在雖然很辛苦，但是危機和機會是並存的，找出機會後好好發展就是我們的工作。」經濟環境與條件瞬息萬變，隨時都可能惡化，完全可說是隨時處於危機中。

如果把他們面臨的壓力指數化，簡直就像泰山壓頂。但跟普通人最大的差異就是，這些人願意接受正在面臨的挑戰。如果總是使用負面言語，就會失去機會；相反地，如果使用肯定言語和充滿正能量的言語，就會幫助自己找到機會。

當我們看著鏡子說出「壓力好大喔」，就會發現根本不可能笑著說出這句話。因為這句話會讓我們失去能量，也會讓原本眷顧的幸運之神逃得遠遠的。

當我們不再使用負面言語，就會發現更有魅力的自己，不再日日藉酒消愁，或欺騙自己「吃宵夜是吃掉壓力」，皮膚也會自然變得更好。更重要的是，當我們努力使用好的言語、笑容滿面，某一天會突然發現我是被許多人愛著的，這都是因為自己先做出了改變。

#世界上沒有不好的東西，只是我們看待世界的方式錯了而已

因為一句信任的話，我成了諸葛亮

我也曾有笨手笨腳、什麼都做不好的新人時期，或許每個人都有類似的經驗。還是菜鳥記者的我野心滿滿，但因經驗不足常常遭主管責備。當時的我雖然有著雄心壯志，但總是做不出具體成果，因此漸漸對自己失去信心，甚至自暴自棄，覺得只要做好交辦事項就好。就在此時，部門來了一位新主管。有趣的是，無論我提出怎樣的想法，這位新主管都會點著頭說：

「啊，不錯喔，妳就試試看吧。」

我沒想到主管會這樣回答，激動之下我便在沒人要求的狀況下，從資料準備到採訪都全心全意完成。一句鼓舞的話，就像引信一般激發了內在的可能性。此

時我才領悟到努力絕對不會背叛我們，於是在一次次努力中培養出信心，最終成果也相當成功。

有一天，主管又對我說了這樣一句話：

「妳的直覺好像很準，之後也要充分發揮喔。」

在此之前，我從來沒想過自己擁有與眾不同的「直覺」或是洞察力很強，然而主管這句「直覺不錯」已深深烙印在我的心中。從那時候開始，我開始意識到自己是「擁有強大直覺的人」。有趣的是，記者生涯超過二十多年的今天，我已被他人稱為「直覺沈氏」或「直覺女魔王」。

回想二十年多年的記者生涯，當時的我毫無怨言地工作，雖然非常辛苦，但總樂此不疲。當時的我，就像發現了自己隱藏的才能並開心地發揮出來。只是真的光靠自己的努力就可以發揮潛能嗎？許久之後，我才領悟到能使當時的我相信自己，並踏出第一步的原因，就是主管不時丟出的「你做做看」、「我相信你」、「你的直覺很準」這些鼓勵的話語。

某一天，我正在計畫手上的採訪專題，同時又要準備隔天的新聞。忙得不可開支時，腦中忽然冒出了這個想法：

「啊，原來我是遇見了劉備，是主管的一句話讓我成了諸葛亮。」

在三國時期的眾多英雄豪傑當中，劉備是個很不一樣的角色。他並非頭腦聰慧、智足多謀的策略家，加上天生體弱，也無法上戰場殺敵。然而他卻有一項任何謀士或武將都無法超越的能力，那就是「用人」。他能發掘全國各地的人才，並讓他們把隱藏的才能發揮得淋漓盡致，例如脾氣公認天下最暴躁的張飛，和不輕易信任他人、個性古怪的關羽，他都能使之折服、為己所用。

而最廣為流傳的，就是三顧茅廬訪諸葛亮的故事了。當時的諸葛亮二十七歲，是剛嶄露頭角的謀士。劉備看出他的才能，不僅稱比自己小二十歲的諸葛亮為「老師」，還為他準備了施展才華的舞台。即使諸葛亮提出不同的意見，劉備也不會出言制止，反而保持沉默直到自己領悟。諸葛亮就是在絕對的信賴當中想出號令天下的戰略，成為三國最厲害的謀略家。

如果沒有遇到劉備，諸葛亮或許不會以現在的樣子為後世所知。看出他人的潛藏價值和可塑性、給予鼓勵和支持，可以使對方成長為大人物，這才是真正的高手。

把話說出口，就能帶來好反應

德國耶拿市弗里德里希・席勒大學的研究者，發現正面的情緒表達可以刺激大腦前額葉。前額葉掌管自我意識和情緒反應，也就是說，溫和且正面的言語會提高自尊心，可以幫助我們做出更好的情緒反應。

或許有人會說「話語有什麼用」、「不過就是一句話」，但是言語跟行動相同重要，對我們的人生有著決定性的作用。言語可能帶來畢生的傷痛，也可能激發潛在的能力，進而帶來巨大的成長。

比爾・蓋茲曾這樣說：「我們都需要能給予好反應的人，這就是進一步成長的方法。」

因此現在的我無論跟誰見面，都會努力找出對方的優點和潛在才能，並具體告訴對方。對方可能因為這樣一句話，發現了自己都不知道的才能，從此快速成長。不管對方跟我是工作上的關係還是私底下認識，我都非常樂於看到他們因為這些提點有所成長。

與此同時，這樣的習慣也能為我帶來實質幫助，那就是：當身邊的人都如同諸葛亮一般優秀時，真正的受益者不是他人，正是我自己。

#用一句話得人心

說話如寫詩

清晨六點半，我因公司活動精疲力盡，就在此時收到了一通簡訊，讓我如同吃了維他命似地突然精神抖擻起來。這是某美容集團領頭羊的沙龍K代表傳來的簡訊，他客客氣氣地說自己因為臨時有事處理，所以會晚點到活動現場。

我知道對方原本就是位忙碌的人，於是回覆簡訊：「如果您太累，就不用再特意過來，真的沒關係。」沒想到對方又傳了一通，用有些玩笑的口吻回覆道：「不要，我只要能見到部長就好了，會在後面安靜看著。」結果活動當天，K代表真的在活動快結束時才抵達，並且站在會場最後方，大約停留了三十分鐘。像這樣特意前來我已經非常感激，沒想到當晚他又打了電話給我，說雖然今天有在現場見到面，但還是對遲到深感抱歉，想要請我吃飯。有些人收到邀請不克前來也不會主動說一聲，這位K代表卻只因晚到就事先事後致意，甚至為了趕來參加這個快要結束的活動，還親自開車前來。面對這樣的誠意，反而是我深感抱歉。講完電話之後，我回想稍早來往的簡訊，覺得應該是自己請他吃飯才對。

我跟K代表都是忙碌的人，一年之中頂多見個一兩次。每次聯絡，他給我的感覺都像是最後一次見面一般相當重視。我看著手機螢幕上這些精心挑選的好話，就像走進了一座漂亮的花園。如果是第一次見到K代表的人，可能會誤會他是一個假惺惺的人，但他對每個人都是如此真誠。雖然高居要職，說話習慣卻非常好，無論跟他說話的人地位高低，總是全心全意使用美好的話。看著這樣的他，完全可以想像為什麼這樣一介毫無背景的十九歲青年，能在美容業界穎脫而出、最後爬升到現在的位置。

如果內心想法不善，是不可能說出好話的；相反地，當我們刻意說了好話，想法也會變得端正。K代表正是話說得好、想法也端正的人。當他還是學徒時，即使是幫客人洗頭這種小事也會全心全意去做。幫客人洗頭其實會傷到手指關節，但他為了讓客人在短暫的時間內可以全心放鬆，總是用心清洗，並且用美好的話語跟客人溝通。全心全意幫客人洗頭本來不易為他人看見，但因客人口耳相傳，他便受到店長的觀察與肯定。最後店長力排其他競爭對手，將他提拔成自己的助手。這已經是三十多年前的事了，但直到今日他的態度始終如一。K代表因為培養出無數後輩，有著集團內部的人才培養師之名。他最常強調的一點就是「實力和人品必須兼備」。而他制定的教育手冊也極為嚴謹，一百三十個項目當中，不只包含技術，也包括恭謹的態度和禮節。

「謝謝、對不起、我愛你」的力量

我在幾年前無意中看過一個相當有趣的節目。製作單位和延世大學研究團隊找來了因家庭矛盾而感到不幸的人，進行一項名為「謝謝、對不起、我愛你」的實驗。節目參加者在五週內要有意識地去說「謝謝」、「對不起」、「我愛你」這些話，研究團隊會觀察他們在身體和精神上的變化。五週過去之後，研究團隊發現參加者不只是跟家人的溝通變得順暢，壓力和憂鬱指數也跟著下降，而傳達關懷的賀爾蒙催產素和耐心的賀爾蒙氨酪酸則有所增加。研究團隊當中的指導教授金才燁表示：這種效果不只是出現在家族內部，對上班族、中年婦女、青少年等都具有相同效果。

不過短短的幾週內，表達感謝和愛意就可以產生顯著正面效果，如果一輩子都這樣做，又會出現怎樣的成果呢？說好話可以培養對他人的關懷和耐心，自然可以建立友好的人際關係，也可以提高自尊心。當我們越來越理解對方，慢慢地也會懂得要用寬容之心看待世界。不只感恩自己擁有的一切，也更有勇氣去創造更美好的明天。

如同花有花香，言語也帶有香氣；花香顯現出花的本質，人的本質也能從他所說的話看出端倪。

徐四金（Patrick Suskind）在小說《香水》中這樣寫道：「人類內心的氣味，可以用關心、無視、厭惡、依戀、愛情和憎恨等情感區分；支配氣味的人，就能支配人心。」

徐四金把世間所有存在的本質用氣味來表達，其實「言語」也是人類的本質。某句詩是這樣寫的：「即使忘記說話的人，只要我們還活著，就必跟我同在。」這句話正是在描寫言語的本質。即使只是一句話，或一則簡訊，只要是充滿愛的表達、真誠的支援，必定讓人難以忘懷。

從今天開始，試著說出讓人能夠銘記在心的好話吧。

#言語也帶有香氣

在公司不發脾氣的原因

希臘神話中，薛西弗斯因得罪了神，遭處罰把巨石推上山頂。可是當他用盡全力把巨石推到山頂後，巨石又滾到山下。薛西弗斯不得不拖著疲累不堪的身體再次走到山下，重新推起巨石。只要薛西弗斯還活著，他就必須永無止境地持續這項勞動，真的相當荒唐。

然而，有一天我忽然發覺人生好像就是如此。我們就像薛西弗斯一般，明明知道巨石會再次滾到山下，依然無法停止把巨石推往山頂，每天背著各自的重荷，重複不易的生活。

年輕時，我並沒有意識到這一點，每天背著行李全力衝刺。因職業之故，我每天都會碰上無數的人，加上愛管閒事的性格，基本上到了下午，人就已經虛脫了。那時候我沒有時間，也沒有餘力停下來看看自己。

幸好現在的我已經有所覺悟，發現物理學的能量守恆定律，也適用於人生。也就是說，活著所需要的能量總量是永恆不變的，如果我們把力量浪費在無用的事情上，當真的需要能量時，就會因透支而動彈不得。

因此，當我每天睜開眼睛，就會想像今天的登山路線，評估自己走到哪一段需要多少力氣，然後進行能量分配。此時我也會分配投資自己的能量，因為愛惜自己、照顧自己也需要消耗不少時間和能量，絕對不能在小事情上浪費生命。特別要注意的浪費，就是憤怒。

在某次編輯會議上，編輯們檢討了某位年輕記者的報導。在唇槍舌戰之後，決定必須修改那篇報導。會議結束後，我把那位記者私底下叫來完成工作，那時坐在我隔壁位置的同事說了這樣一句話：「如果是我一定先教訓他一頓，你居然沒有生氣。」

面對滿臉驚訝的同事，我這樣回答：「這事到此已有定論，我再發脾氣只是消耗自己的能量。不用生氣也可以讓對方完全明白的事情，我何苦浪費力氣呢？」

佛陀說：「當我們想跟某人發洩怒氣時，就像在自己手上握著發燙的煤炭。」也就是說，生氣的結果只是燙到自己的手。

過去的我相當容易暴怒，還是菜鳥記者時，因親眼目睹社會各種不公，每天都像社會運動家一般處於備戰狀態。當時的我認為以文字為武器，替弱小族群抗爭是自己的使命。只是實際經歷過後，才知道靠發脾氣能夠解決的事情並不多。甚至因為自己總是一下子就表現出憤怒，反而讓對方關上心門，不願再與我溝通。最後，我所丟出名為「憤怒」的飛鏢，也會飛回來擊中自己。

暴怒中的人，身體會像是遭拳擊選手重擊一般深受重傷。不斷有新的研究結果顯示，因憤怒而產生的謾罵會降低腦部機能，難怪在國語字典上已經出現了「火病」這個單詞。當我們迎風丟出泥土時，只會讓自己滿身泥巴；發脾氣也是如此，在傷害到對方之前，已經先傷害了自己。

先暫停，好好想想再前進

不過，也不是說我們必須無條件忍耐或自己消氣。如果硬是強迫自己消氣，反而悶出病來，那不如就發洩出來。只是最棒的方法是預防。我經驗是當身體疲勞時就會啟動煩躁或生氣模式。為了不讓自己成為移動的火藥庫，平時我就會努力讓身心維持良好狀態。如果你平時會突然動怒的話，最好先去檢查一下健康狀態。瑜珈和冥想都是很好的方法。不僅可以協助調節憤怒，對身體健康也有益處，可以說是一石二鳥。

發脾氣也會使自己遭受損失，除了會偏離原先預定的協商方向，身體也會因能量流失倍感疲累。如果真的遇到難以忍耐的情況，可以先「暫停」。只是先離開現場，就可以讓原本百分之百的怒意降低到七八成，還可以趁這個時候分析一下現況，計算恣意發洩怒火後的得與失。

我自己的情況是，為了緩口氣會去跑去化妝室，把衛生紙捲一捲後丟進馬桶，像是把自己的怒火一起隨之沖掉。或者，也可以走出戶外透透氣，或是去喜歡的咖啡廳點一杯「冰馥列白咖啡」一口氣喝下去，氣也就消了。

無論何時，我們都要記住人生極其短暫，連好好打理、照顧自己的時間都不太夠了，如此寶貴的時間還要浪費他人，或外部情況引發的怒火上嗎？

#發脾氣的人，即使爭贏他人也是輸了

不對他人說的話，也不要對自己說

很久之前，我因好玩跟朋友一起去算了塔羅牌。我算了兩次，沒想到兩次抽到的牌都顯示我是自信心不足的人。我自認為無論是自尊或愛自己的心都比他人強，看到如此結果，原本打算笑笑過去，沒想到一起算塔羅牌的朋友突然這樣說：

「有時候妳真的有過分貶低自己的傾向，過度謙遜也是一種病呀。」

萬萬沒想到朋友會這樣說，於是我才開始認真回想自己平常是如何表達，是否真的有替自己感到自豪。這樣慢慢回想之後，我才發現平時自己會無自覺地說出「我還有不足」、「我不太聰明」、「不是我幫上忙，是你自己成長了」等自卑的話語。

進一步分析原因後，我發現這跟成長過程有關。母親對於身為長女的我期待過高，所以對我做的所有事情都不滿意。她或許認為，唯有嚴厲地教訓才能讓我在這個艱難的社會生存下去，於是只要感到不滿意時就會大聲斥喝我：「鄰居的孩子都做得很好，為何妳就是做不好？」、「妳怎樣會變成這副模樣？」如果母親聽到有人稱讚我，就會說：「不要傻乎乎相信，這些都只是客套話而已。」讓我原本開心的心情一下子盪到谷底。

因為母親之故，我不會因為小小成功得意洋洋，反而會用客觀的角度審視自己；然而同時，也讓我養成無意間貶低自己的習慣。聽到過度謙遜也是一種病這句話時，我才發現自己總是在不知不覺中貶低自己。

就如同「一語成讖」這句成語所言，某位精神科醫生說，因失眠而來就醫的人中，大多數人在接受診治之前都先把自己設想成「無法入睡的人」，總是擔心當晚要怎樣入睡。也就是說，大多數情況是病人對於失眠的擔憂如實刺激自律神經，才導致無法入睡。即使是開玩笑，也不要從自己口中說出擔憂或惡言。這個建言並不只是隨便說說，既然都要開口說話了，為何不特意說好的話和正面的話呢？

告訴自己：「我是優秀的人」

當我對言語有了認知後便下定決心，那就是：「不會對他人說的壞話，也不要對自己說。」同時，我也拋棄以謙遜為由矮化自己的習慣，開始有意識地對自己使用「好話」。早上醒來面對鏡子的時候，雖然會有點不好意思，我還是會對自己說聲：「真完美！」當我不太滿意某個提案，也不會再自責「做得不夠好」，而是會說「沒關係，妳已經做得很好了，下次一定會更棒」來幫自己加油打氣。

神奇的是，當我養成看向鏡子、告訴自己很完美的習慣之後，某一天我忽然發現眼中的自己真的看起來很棒。於是我開玩笑地問他人：「我今天跟這個很配吧？」、「我今天看起來很不錯吧？」出於禮貌，對方都會回答說：「很不錯」、「很帥氣喔」，不過我也會愉快地「相信」對方的附和。

試著這樣做之後，我發現體內潛伏的正面能量如同爆米花一般炸開了，同時也替過去沒有對自己說好話感到惋惜。生活在現代社會，我們總是會聽到各種惡言，沒想到連自己也會說出貶低自己的話，真不知道體內還剩餘多少正能量。

A過去是跟我同期進公司的同事，她總是說自己「美麗、聰明、理智、有魅力」，而且總是抬頭挺胸地這樣說，所以周圍的人也不禁認同她很美。當時的我認為，客觀來看A並不是像她和周圍人所說的那樣出色，我對人們是否真的覺得A很美產生了疑問，於是就問了第一次見到A的朋友B，得到了這樣的回答：

「A是長得有點特別，但她認為自己很美，行為舉止和說話也是如此，所以會讓人真的覺得很美。」

A因為相信自己很美，也不吝於表達這樣的想法，於是周圍的人也就被說服。這樣回想起來，在學生時代某些長得並不太美的人也會被稱讚很漂亮，原因應該就是她們真的認為自己很美吧。當年還有一個朋友，臉總是紅通通的像顆蘋果，她自己說這樣很可愛之後，周圍的人甚至還叫她「臉頰紅紅的小可愛」。換作是我，可能會因此產生自卑感，從此低著頭走路，不敢想像他人會覺得這是值得稱讚之處。由此可知，他人的評價是根據我們自己的看法形成；當我覺得自己很優秀，他人才會覺得我很優秀如今想想，連我自己都不看好的話，還會有誰會看好自己呢？如果想聽到別人稱讚你很美、很帥氣或很有魅力，就先自己先開始稱讚自己吧，一定要馬上拋棄自我貶低的壞習慣。

對我來說最重要的人不是他人，而是自己。我對自己來說如此重要，又為什麼要為難自己呢？即使是騙騙自己也好，從現在開始面對鏡子時，試著對自己說這樣說：

「我，是比自己想像得要更優秀的人。」

#誇獎自己很優秀，做得很棒

第三章

改善往來關係的十種說好話習慣

無論是某個領域的頂級專家或企業 CEO，
成功人士的共同才能就是愉快地對話。
他們明明上知天文下知地理，資訊接收也相當迅速，
可是我從來沒看過他們單方面地發表自己的主張。
有時候為了緩和氣氛，他們也會說些幽默話，
然而他們一定保持慎重有禮的語氣。
當另一方感受到他們正在認真傾聽、表示尊重，自然好感倍增。
難道他們沒有發表欲念嗎？
他們有，但是知道如果總是自己在說話，
不僅無法拉近距離，
對方也會選擇性地挑自己想聽的話來聽。

1. 別說「我會做」，而是「我正在做」

只要往下走，就能找到路；只要開始做，就能找出方法。好的開始是成功的一半，甚至可以說剩下可能不是二分之一，而是四分之一或八分之一。總之，先去做吧，勇敢地挑戰吧。

我在三年前開始進入研究所學習。記者當久了，就會想把現場經驗和知識進行系統整理，只是一再拖延，過了四十歲才真的下定決心。然而就在報名截止日前一週，我又開始猶豫不決了。現在的工作每兩週會有一次要加班到凌晨，而且突發狀態非常多，生活已經相當緊繃。這樣下去，真的能夠好好去上課嗎？超過十五年沒有念書的我，能集中注意力聽教授講課嗎？工作如此忙碌的我，能準時

交出作業嗎？我能夠順利畢業嗎？下班後，我還有體力趕去夜幕降臨的校園上課到晚上十點嗎？

就這樣苦惱好幾天之後，得出的結論是：「算了，真的不知道啦，邊上課邊想吧。」反正沒有人會知道未來的事情會怎樣發展，到時候如果真的太過辛苦，大不了就休學。我的頭腦雖然已經不像二十歲初頭那般機靈，但至少還有身經百戰的經驗。我就是抱持著這種想法開始上研究所，沒想到實際遇到的事情都是能夠解決的障礙。如今回想，這又不是什麼生死存亡的問題，當年的我何苦對於尚未發生的事情思慮再三，心煩意亂呢？

就這樣，在沒有特別準備之下，我開始上碩士班。幸好中途沒有放棄，兩年半後順利完成學業。當然這一切並非輕而易舉。為了上課不得不跟同事換班時，已經無數次聽到同事的嘆息聲，每次準時下班也要看後輩的臉色。甚至為了交作業徹夜苦讀，就連寶貴的週末也要假裝自己是無福享受假日時光的高考生。明明沒有人強迫我，為什麼自己要做如此瘋狂的事情呢？我也是好幾次忍不住對自己發脾氣。

但在「咬緊牙關」渡過苦難，順利完成學業的現在，我得到了比學位更為重要的東西。我們之所以難以實現嚮往的夢想和目標，是因為被自己的內心和習慣侷限住了。只要戰勝恐懼，勇敢地踏出第一步，就會發現原本以為的艱難險阻，其實並沒有什麼。這道理大家都懂，但都將它置之腦後。

所有人都知道實際去做是很重要的。但是大多數人會這樣說。說得容易做的難，或是以目前的條件來看，很難做到。但如果我們把雙手放在胸前誠實思考地話，就會發現之所以做不到或是很難做到的原因只不過是沒有去做而已。根本沒有去做的話，又怎麼可以說做不到或是很難之類的話呢？我們應該把套住思想的枷鎖解開，並丟得遠遠的。不往上爬，就絕對到達不了山頂，一步也不邁出只能遙望天空，這樣的人生不覺得鬱悶嗎？

J老師從事文案工作三十年，至今創意靈感源源不絕，總能寫出獨具一格的文案，一點也不輸給年輕人，而他的原則是絕對不延遲交件，靈感有時難免會枯竭，倒底要怎樣做才能始終如一地寫出好文案呢？J老師是這樣回答的：

「大多數文案創作者都會等待靈光一閃忽然冒出來的點子。但是如果只是等待完美靈感出現，那就等同於沒有在工作。因此，我每天早上六點一定會坐在電腦桌前，然後不管當天狀態如何、有沒有好想法，我都會開始寫。」

隨意寫下幾個單詞或句子之後，原本雜亂無章的思緒就會慢慢開始整頓，也可能突然出現靈感。就像話尾接龍遊戲那樣，不停地隨意寫之後，反而能寫出比原本構想的更棒文句。J老師固定寫文案的時間是早上六點到九點，不過三個小時而已。但除了有晨會或演講之外，他每天都會堅持寫。沒有一定要寫出什麼的負擔，「只是寫而已」。這個應該是J老師可以從事文案長達三十年的祕訣。

韓國知名公司的C代表說：「每次遇到『看起來很難的事情』，總是抱持著『算了，不知道啦』的心態先開始做看看。沒想到一旦開始做之後，不只是成功一半而已，甚至會出現出乎意料的好結果。因此，只要開始去做，那可能只剩下八分之一或十分之一了。有些時候以為會很困難，就連開始都沒有，其實大多數工作都是在什麼都不知道的情況下先開始去做，然後竭盡全力達成艱難的成果。」

「現在做就對了」

五年前我決定出書時，寫作的場所不是公司，也不是家裡。因為我知道實際去寫才是最重要的，於是我選擇的寫作場所是臨時租賃的共享辦公室。我不想讓自己在「之後會做」和「正在做」之間徘徊不定。

如果要列舉無法專心寫書的理由，應該會超過一百個吧。但其實所有理由都是「不做」的辯解罷了。因此，我為了尋找可以專心寫作的場所。雖然準備了寫作空間，但其實沒有多少時間可以使用那個空間。頂多就是上班前一兩個小時，晚上沒有約且能夠準時下班的平日晚上，或週末需要加班時的凌晨時段。但可能是為了不想浪費荷包錢，我只要一有空就會去哪裡寫作。沒想到不知不覺中，寫作經驗不足的我也完成了一本書的寫作量。

我們「不做」什麼的原因在於完美主義作祟，害怕做不好，所以才沒做。也就是說最大的障礙其實是自己，我做出的選擇造就了現在的自己，一切都源於自身的選擇。

你說你知道要做什麼，但是不知道該怎樣做？會這樣說，那就表示還在幫自己找藉口。想要做什麼事情是不需要「怎樣做」，而是無條件地立刻去做，只要做就對了。

#只要無條件地立刻去做就對了

2. 小小的稱讚，能為自己帶來好感

全世界擁有數千萬名讀者的書《如何登上人生的高峰》（See You at the Top）中介紹了一個以富豪為對象的有趣研究。調查對象是二十至七十歲之間，一百名白手起家的百萬富豪。這群人不只是年齡不同，教育程度、家境等外部條件以及性格等都不盡相同。但是，在無數個不同之中卻有一個共同點。那就是他們是無論在哪種情況下，都一定能夠找出對方的優點的「優秀發現者」。

韓國國內某家屈指一數的企業主要業務是奢華行銷的顧問和規劃時尚活動。這間企業的T代表說：「無論對方是誰，無論對方做什麼工作，一定要找出對方的優點。為了找出對方的點，除了努力尋找，別無他法。」當我們找出對方的優

點之後，我們對待他的態度就會改變，而對方也會因此改變他對我們的態度。

也就是說，成為「優秀發現者」不僅能發掘最棒的生意夥伴，同時也是衡量自身人品的準則。

因此，我無論跟誰見面，都會集中注意力觀察對方。關心對方，認真觀察對方的話，無論內外在一定能看到對方的優點。特別是每天都會見面的前後輩。即使是很小的優點，找出之後告訴對方，交談的雙方心情都會愉悅起來。

溝通自然順暢地話，當然就合作無間了。人類有努力讓自身行為看起來符合被稱讚的內容的傾向。也就是所謂的畢馬龍（Pygmalion）效應。越是親近的人，這個效應發揮的效果好像越大。所以我對每天見面的人說：「你是很好的人，我相信這樣的你。」這樣做的話，我自然也會為了成為更好的人而努力。

我的優點是找出後輩的優點

記者的工作可以說是「孤獨派」（自己決定所有事情，獨立完成工作的行為）。但畢竟一定隸屬某個部門，也會遇到許多需要團隊合作的工作。例如要寫系列報導時，兩三名記者會先聚在一起，一個小時內把各自領域的採訪內容有條不紊地整理出來，然後丟硬幣決定由誰做最後的統整。或是由不同部門的記者針對同一個主題，各自寫出自己負責的部分之後，再選擇一到兩位記者做代表執筆。

其他公司的情況應該也是如此，因為員工們的性格、能力、誠信度、熱情、意志力等不盡相同。只不過記者們特別具備了專屬記者職業自尊心和習性，每個部門都竭盡全力開發聰明記者們的能力，希望記者們能夠持續挖掘到新的新聞，以及激發記者們報導獨家新聞的慾望。也就是說，能不能找出記者們個人專屬的優點，就關係到該部門能搶到的新聞版面的大小了。

我為了提高後輩記者們的能力，在走了無數次彎路之後想出的方法是「尋找後輩的優點」。其實我放棄指出後輩做得不好的地方，而採取找出優點並給予鼓舞，是因為我發現這樣做自己比較輕鬆，算是不得已的權宜之計。於是我睜大雙眼找出後輩們的優點之後，只要有機會就會這樣說：

「你很會跟社會案件，好像很擅長訪談新聞。你要不要試試看寫一篇讓大家感動落淚的訪談啊？」

「你對數字相當敏銳，如果寫分析類的新聞應該會寫得很好。」

使用這個方法之後，後輩們的成長速度驚人，學會自發性找出新聞題材寫出專題報導，經過跟其他部門激烈的競爭，最終獲得刊登在頭版的機會。而天生對數字敏銳的後輩，用數字分析做成真相報導無人能比，成為同齡記者中難以超越的優秀記者。我對他說：「我對你再也沒有其他要求了。」同時感到無比欣慰。

約翰・杜威（John Dewey）是美國教育學者，也是哲學家。他說：「人類本質上存在的最強烈慾望是成為被他人認同的人物。」

如果想讓對方覺得自己被認同的話，要怎樣做呢？最簡單，也是最直接的方法就是稱讚對方的優點。這個方法或許了無新意，但據說連海裡的鯨魚被稱讚之後，也會奮力地跳起舞呢。

不過，稱讚也是需要技巧的。一想到有什麼優點就要馬上稱讚，而且比起稱讚對方的行為，稱讚本人更為重要。比起大的東西，要找出小小的地方稱讚，不要說得含糊不清，要找出具體的事情稱讚。如果想做到以上幾點，當然就需要用心關心和觀察對方。

蘇西．曼奇斯（Suzy Menkes）是世界級的時尚評論家。她每次因公事跟他人會面時，都會徹底觀察，然後針對配件、鞋子和包包等搭配，就肉眼可見的具體之處給予讚美：「哇，這個非常有創意。」一開始可能會覺得不好意思，但還是請一定要試試看。我幾乎沒看過有人會拒絕這種穿搭稱讚，只要這樣做，就可以讓對方對自己產生好感。

千禧年已經過去二十年了，至今亞洲社會對於這種簡單的「小稱讚」依然感到彆扭和冷淡。組織文化保守的媒體業更是如此，我至今還是覺得自己跟這種文化格格不入。不過，我每天還是厚著臉皮到處恣意稱讚：

「哎呀，你今天襯衫的顏色超好看。」

「前輩的鞋子好好看喔，不愧是穿搭達人！」

「今天看起來很知性，原來是換了眼鏡框。」

第一次聽到這種稱讚的人會相當難為情，但是聽久了就會習慣，也不會感到彆扭。慢慢地也會開始具體地稱讚他人，這樣有來有往之後，心情自然愉悅。

我很少看到有人會這樣做，也許正因為如此，稱讚效果就更大吧。更重要的是在互相稱讚的過程中，我自己也會更加努力變得健康和美麗。畢竟在稱讚他人的時候，自己不可能是一臉怒氣，也不可能垂頭喪氣。

#稱讚的真誠性來自觀察

3.「請幫幫我」戰略

新聞記者在收到人事調令之後，就要馬上去新部門上班，有可能就要開始寫從未接觸過的領域的新聞。可以說根本沒有時間讓你先去瞭解該領域的現況或主要議題，身為記者必須馬上寫出讀者們需要的專業報導。

我之前曾被分配到證券部門。前一天我還在運動部門撰寫高爾夫球的相關新聞，沒想到隔天馬上就要寫指數變化和市場現況的證券新聞，真的相當慌亂。一天之內必須熟知所有事情並馬上外出採訪，當時我不僅不知道上市公司名字，連那些專業名詞也不知道，真的欲哭無淚。

人事命令下來的第一天，我在失魂落魄的狀態下去拜訪某家證券交易所的主管。我誠實地跟他說：

「我今天剛調來這個部門，第一次接觸證券，是什麼都不懂的新人，請您務必多多幫忙。」

沒想到對方聽到「請幫幫忙」這句話後馬上站起來，關上辦公室的門讓其他人進不來，然後開始在白板寫上新聞報導需要的基本知識逐一教給我。這位主管不接任何電話，花了兩個小時一對一指導我之後，對我這樣說：

「大部分記者即使換了新部門，也因為自尊心的關係不會主動請求協助。沈記者是第一個誠實地說自己不懂，開口請求幫忙的記者。」

A部長在某家大企業宣傳部上班。有一次他把報導資料寄給我，同時也傳簡訊提醒。簡訊中提到這次活動企業主會親自登台，希望我能當成特別的新聞好好報導。最後他還傳來一個「拜託了，這是我的願望」的貼圖。

看到這個貼圖後，我的心就軟下來了。「好吧，對方都已經說是願望了。會那樣說應該是真的很重要。」我仔細閱讀他的報導資料，發現並不是沒有話題性，於是確定好報導方針後，馬上去說服主管。最後，雖然只能搶到小小版面，但畢竟也是頭版，算是完成了他的心願。

「請幫幫我吧！」

我從沒看過有人聽到這句話後不會心軟的。當然不能輕易濫用，但是只要真心地說「請幫幫我」，就會使人們願意伸出援手。雖然這個世界受到適者生存、弱肉強食等競爭理論支配，但其實人類除了競爭之外，還具備共存和關懷的DNA，只是平時看不太出來而已。

就連主張適者生存的達爾文（Charles Robert Darwin）也說：「道德本能和善良的心是人類情感的基礎。」《Born to the Good》的作者達契爾．克特納（Dacher Keltner）是加利福尼亞大學的教授。他說：「人類天生善良，只要能喚醒與生俱來的本性，就是我們尋找幸福的鑰匙。」也就是說，互相幫忙是人類的天性，通過付出或得到的過程，可以讓我們成為更好的人。

不幸的是我們並不擅長跟某人提出幫忙。因為我們認為請人幫忙是矮化自己，誤認為只有獨自完成任務才是成熟的人，請人幫忙實在「太丟臉了」。

其實這是天大的錯覺。其實以我過來的經驗來看，越是充滿自信，主觀想法清晰的人越常說請幫忙這句話。這類人很會說「我真的不知道」，當他們發現在某件事情上自己沒有能力處理或是跟自己價值不符時，他們知道自己需要什麼，也懂得坦誠地伸手求救，同時也很樂意接受他人的拜託。這樣做的話，自然會得到和學到許多東西。同時也是自我成長的機會。

我相信自己的價值跟我的能力或成就無關。因此，當我遇到自己無法解決的問題或真的很想得到什麼的時候，就會誠實地請他人幫忙。這與自尊心無關，如果因為請他人幫忙就讓自尊受創，那從一開始那份自尊心就是假的。真正的自尊心，會在適當依靠某人、尋找自己夢想的過程中慢慢浮現。

讓他人樂於幫助自己

當我要拜託他人什麼事情的時候，會反覆提醒自己：「我要讓協助我的人感覺愉快。」或許聽起來有點厚臉皮，但這句話並沒有錯。人類幫忙他人的時候，額葉會分泌可以帶來愛和信賴感的賀爾蒙催產素，感到社會優越感和幸福。人類基本上對於幫助自己的人會有好感，而人類對於自己能夠給予幫助的人也會產生好感。當有人請自己幫忙時，也就是對方間接認同自己的工作能力優異。產生這種感覺了，自然會提升自尊心。也就是說，不只是接受幫忙的人受惠，就連伸手幫忙的人也受益了。應該大家都有過這種感覺吧？幫助他人之後，即使沒有任何回報，不知為何也會感覺充實，有種自己是很厲害的人的得意感。

當我們請他人幫忙時，一定要注視對方的眼睛，並真誠地說出請求。如果用電話或簡訊請求對方幫忙時，稍不留意可能會使對方產生被利用的不愉快感覺。看著對方的眼睛，就很容易使對方心軟。要如實地說出自己真的不知道，能力有所不足，是真心需要對方的幫忙。人們比起看起來各方面都很完美的人，更喜歡接近某些地方不完善或不足的人。因此，需要他人幫忙時，要懂得誠實地說出來。千萬不要忘記這樣做說不定也是某種人格魅力。

#看著對方的眼睛說請幫幫我

4.「有什麼我可以了解的嗎？」懂得低頭的實力

尹興吉的代表作品《臂章》是我之前閱讀過的無數本書中，至今仍然不時會想起來的小說。主人公林宗鈗在首爾做生意失敗後，返回家鄉。在村裡暴發戶的提議下擔任水庫的看守員。宗鈗可能是受了「戴好臂章」這句話的影響，當場直接做了一個壁章，戴好後就開始肆無忌憚地揮舞著這微乎其微的權力。宗鈗對偷偷來釣魚的人們窮追猛打，即使對象是自己幼時的玩伴和其兒子也毫不手軟，最終甚至跟雇用自己的暴發戶的同夥人也起爭執。最後，他當然是被解聘。然而宗鈗即使受到解僱，依然執著於看守員這份工作。他在酒家喝酒時，酒家女對他說了這樣一句話：

「眼睛看得到的臂章是不成事的笨蛋們才在戴的，真正的臂章是用眼睛看不到的！」

二十年後的今天，我還對這本小說記憶猶新。原因就在於「看得到」的臂章實在太多了。每次面對濫用「臂章」的人時，我就會想起這本小說。到底酒家女所言，「看不到的真正臂章」究竟是什麼呢？

事實上，會讓我們感到疲累和憂鬱的，是眼睛看得到的假臂章；眼睛看不到的真正臂章，不僅不會使我們疲勞和鬱悶，還能深入人心。即使擁有臂章，但能夠放下身段就是謙遜。人們面對只會顯擺能力的人，即使微笑面對也會在內心感到討厭，或是直接閉嘴不說話；可是當面對擁有能力又態度謙遜的人，自然就會打開心門、解除戒備。

四處奔走的你們知道的更多

有位CEO不只是在公司內，包含記者圈中也備受尊敬。這位CEO雖然經驗豐富、位居高位，但是無論對誰都使用敬語，且總是微笑待人。無論是從工作表現還是人品來說，都挑不出毛病的他在重要會議時常常說這樣的話：

「我能知道什麼呢？四處奔走的你們知道的更多。」

即使是面對比自己資淺十年以上的年輕後輩，他還是這樣說。這位CEO從年輕時就能力卓越，即使現在位居高位也堅持學習。如果說他真的不知道，實在是不可能的事情。一般來說，主管即使真的不知道也會故意假裝知道並提出主張，或是一聽到不喜歡的意見就先阻止對方繼續說。但是這位CEO無論是聽到哪種提案，都會先往後退一步，低調安靜地等對方說完。

由此可知，公司發展得好都是有原因的，據傳這間公司的重要會議上大家都可以自由發表所有創意發想。每個人都能夠嶄露頭角，不需要看他人臉色，完全根據內心所想發言。即使沒人要求，也會主動提出改善方案或行銷企劃。

如同水往低處流的道理，「有什麼我可以了解的嗎？」這種謙卑的姿態從高層流往基層員工，不知不覺中就成為了公司文化。因此，即使是在現場工作的基層專員，也總是精神滿滿地上班，從不混水摸魚。

原因是什麼呢？高層主管都說「跟我知道的相比，你知道的更多」，怎可能還會有職員坐在位置上裝忙打混？也因為這樣，這間公司受人尊重的員工特別多，謙遜這個美德讓自己獲得了尊重。

以權威和能力可以短時間控制人心，但並不長久；只有能力強，不懂謙遜，會因為傲慢讓幫助過自己的人紛紛離去，最後只剩下自己一個人。玩蹺蹺板的時候，如果想往上升的話，必須先把自己降低，然後對方也要一起施力，藉對方上升的動力讓自己升得更高。如果自己絲毫不動，即使想往上跳蹺蹺板也不會動彈。炫耀自己，就是只允許自己說話、忽視對方的意見。這樣做的話，自己馬上就會停止成長，並回到倒退的路上。

亞伯拉罕・林肯（Abraham Lincoln）即使成為總統，還是會親自擦皮鞋。他說：「所謂的謙遜就是理所當然地做那些極為理所當然的事情。」我把那位沒有忘記做極為理所當然的事情的 CEO 所說的話「有什麼事我可以了解的」貼在書桌前。這是為了提醒自己有沒有在後輩面前說大話，或有沒有在無意間說了什麼讓後輩從此不願意與我交談。偶爾後輩們採訪回來之後，對於自己的判斷沒有信心時，我就會說：「你的想法是對的。因為比起我，你更瞭解現場情況。」因為我知道這個世界會幫助怎樣的人，又是什麼才能真正打動人心。

#人們在謙遜面前打開心門

5. 「是這樣嗎？」的力量

有時在交談中，會聽不太清楚對方說的話。可能是因為自己正在想其他事情，或對方說的話就是很難進入腦中，或無法感同身受。

這種時候，又無法離開位置的話，只好假裝很認真在聽。也就是說會跟隨對方說話的節奏點頭，眼睛還會一眨一眨的。我發現我說很多話的聚會，和我自己說很少話但聽很多話的聚會相比，後者的反應都會比較好，下一次聚會也會比較快約起來。從這個現象來看，現代人對「沒有人聽我說話」特別有感。

作家李基州的著作《說話的品格》中強調生命的智慧常常源於傾聽，人生的後悔大多源於話語。事實上，聆聽是不會帶來後悔的。說了不該說的話，或是說了無法收回來的話才會傷害對方的感情，搞砸事情，讓彼此關係變得複雜。

不久前，我跟同事被安排跟某大企業的G代表在平日共進午餐兩個小時。這是宣傳部很辛苦才安排到的機會，沒想到這位G代表用了整整一小時在描述他正在進行的企劃案有多重要，又多有辛苦。

我們是第一次聽到這家企業的企劃案，所以剛開始因為可以獲得許多訪談素材都聽得津津有味。只是一個小時之後，所有人都陷入了沉默，只有對方還持續單方面的發言。到最後，我們甚至覺得自己是為了公司的業績才會坐在那裡扮演聽眾。

因為接下來的第二個小時，G代表開始講自己的個人管理。大概的內容包括根據場合不同搭配不同襯衫，還有維持好肌膚的祕訣。以及自己能夠維持現在的樣子是因為長期保養頭皮。

一般來說，記者在跟受訪者見面時都會想法設法自然地提出問題，得到自己想要的答案。為了不讓受訪者對「自己正在被採訪」感覺到負擔，記者必須製造自然的聊天氣氛。根據受訪者的性格，記者訪問方式、語氣、手勢等都要不同。

如果能夠讓對方樂於回答，這位記者可能說相當有能力。記者的工作表面上是輕鬆訪談，但腦中小劇場卻在瘋狂上演各種劇碼，可以說這種午餐會議從來都沒有輕鬆過。

可是面對這位G代表，我們腦中的工廠根本不需要作業。只要集中注意力聽他說話，再適時地發出感嘆詞，再露出感動的表情就可以了。

這兩個小時的午餐聚會中，我們甚至不太需要開口發出感嘆詞，只要安靜地聽G代表講述他的戰術和策略。但其實G代表也因此錯失了聽到記者針對他的戰略在市場成效的準確分析。

就像李基州所言，傾聽能到得到智慧和資訊。在靠說話吃飯的記者面前說了太多話的G代表不知道事後有沒有後悔「我是不是做錯了」。自認為口條好的人，在爬到社會某個地位之後，必須更加注意自己說的話。特別是對方是準備好要來當聽眾的時候，更有可能因為口條好或地位錯失重要的資訊。

解答就在對方的話裡

通過傾聽也可以獲得解決問題的根本方法。解答不在其他地方，就在對方的話中。孔子有云：「三人行，必有我師焉。」這句話的意思是三個人當中，其中一定會有人可以當我的老師。也就是說無論去哪裡，都會有值得自己效仿的人，所以我們必須維持學習的姿態和抱持謙遜的態度。我想把這句話重新解讀。只要能夠好好聽他人說話，基本上都會有所收穫。

報社的入社考試中，最後都會有一個團體討論面談。這種面談通常很難馬上想到解答。但是跟我同一組的考生們為了給考官留下深刻印象，都會爭先恐後地發表意見。當時的我因為還沒有完全瞭解問題的真正內容和意圖，所以採取比較消極的態度。當然那時候我並不懂傾聽的態度，我只是想：「先聽聽他人怎麼說，再來做判斷。」

結果，我發現解答就在對方的話中。安靜地聽完他們的主張之後，我在腦中快速地把四位比我更聰明的考生的回答統整起來，從中找出切中核心的合適答案。最後，我才慢慢地說出自己的意見。入社後，我聽說當時我的態度和回答給考官們留下最深刻的印象。甚至傳說考官們因為當時我傾聽對方主張的姿態和整理能力給了我將近滿分。當年的我雖然不是特意「表現傾聽」，但事後回想應該就是認真傾聽他人說話的謙遜態度讓經驗豐富的考官們比起其他幾位二十幾歲的考生們更中意我。原來為了好好說話，要先好好傾聽的道理，我在踏入社會第一步時就知道了。

#智慧來自傾聽，後悔來自說話

6.「啊，原來如此」的力量

大家應該都有過這樣的經驗，那就是在看電影或電視劇時，因為主人公流眼淚了，自己也跟著落淚。人類是會產生同感的動物。過去在判斷人類和其他動物的差異時，會看是否具備理性，但最近認為「共感」才是人類具有的特徵。

未來學者傑里米・里夫金（Jeremy Rifkin）對於世界各國在重大決策上都具有重大影響力。他認為人類是能夠產生共感的存在，可以稱之為「人類共感（Homo Empathicus）」。他還斷言：「人類可以支配世界，是因為具有卓越的同理心，所以未來一定會是『共感時代』。」

只要不是生活在孤島的人，從出生開始就註定要生活在社會當中。我們之所以可以跟其他人共同生活，是因為可以跟他人產生共感。當共感通過言語或行動表達，就會開始產生關係，而彼此的共感消失時關係就會結束。也就是說，共感是所有關係的開始和結束。

我認為同感是從「好好傾聽」開始。或許會有人問：「有誰不懂得傾聽嗎？」但如果只是理解成聽進傳進耳朵內的話是不行的。

中國大文豪魯迅著有《阿Q正傳》和《狂人日記》。他說：「當你跟有聲望的學者說話時，要適當假裝聽不太懂；如果太多地方聽不懂會被藐視，但如果都聽得懂就會被討厭。適當地聽不懂，才是對彼此最好的。」

幾年前，我曾經跟某位無人不知的財團大人物單獨會面。之前常常在記者發佈會等正式場合碰面，也會閒聊幾句，但像這樣特別安排時間單獨見面是第一次。我之前已經見過許多財團出身的高層主管，所以對於這次會面並沒有特別期待。原本預想可能會聊企業哲學、企業成功祕訣、價值觀等古板的話題，只是我突然先提起了健康方面的事。平時就很注重健康的我向他分享了許多不錯的資訊，甚至提到最近的流行趨勢。沒想到對方突然拿出筆記本把我說的話記下來，對每件事情都眼睛發亮地說：「啊，原來如此」我不由得思考：「我說話很有趣嗎？我說的內容對他有幫助嗎？還有沒有其他可以跟他分享的？」結果，那次會面我興致勃勃地講到口乾舌燥，分享了許多事情。

這次會面跟我預想的完全不同，但結束後，我感覺自己更加了解對方了。一開始的疏離感消失得無影無蹤，就像跟認識很久了的前輩見面，倍感親切。明明這次會面我是話說得特別多的那一方，對方只是認真聽而已。在回來的路上，我才突然驚覺。這次會面我之所以能夠暢所欲言，忽略彼此地位懸殊，產生同感都是因為對方雙眼閃閃發亮地看著我，並跟我說：「原來如此啊」這句話。

形象設計專家李宗善在《溫暖的領導氣質》中提到對話時最重要的原則是「一、二、三」。也就是，說一次、聽兩次、附和三次。作者分享的這個原則不只是對話準則，也可以說是生活在這個世界上的態度。

我們在人生中遇到的所有問題都是跟人有關。除了睡覺時間，我們一直跟其他人待在一起。如果我們跟某人見面時能夠敞開心胸交談，那所有事情都會更加順利地進行。也就是說彼此需要共感。

「天哪、真的嗎」的戰略

我的工作就是跟人見面，聽他們說故事。即使是遇到難以溝通的人，使用的方法也沒有不同，那就是名為「天哪、真的嗎」的戰略。當我們真心聽對方說話，並像在聽故事那樣給予附和時，絕對沒有人會擺臭臉的。

這是二十年來進行過無數次訪談，為了在一個小時之內讓對方說出自己過去的故事和價值觀，所悟出的共感戰略。為了讓對方說出不會跟其他記者說的全新故事，最重要的就是打開對方的心門。最簡單的方法，就是真心地對他們說的故事和表達都一一表示同感。適當地發出感嘆詞，同時以眼神讓對方感覺自己正在集中注意力聽他說話。這樣做的話，不只是對話內容變得豐富，對方也能更容易地說出內心話。原本預定一個小時的訪談，有時候會因此延長變成兩三個小時，訪談結束後，關係也變得如同手足。他們這樣跟我說：「你的魅力就是能夠讓他人打開心門，不知不覺說出內心話。」

雖然聽起來有點古板，但是祕訣就是「關心」。聚在一起的當下全心全意地關心對方，也就是「我會好好聽你說話，會跟你一起開心、一起傷心」，當然也需要炯炯有神的雙眼。如此一來，對方在會認為坐在自己對面的人，是站在自己這一邊，產生一種莫名療癒的感覺。

聽話時，不忘回覆「啊，原來如此」或「天哪、真的嗎」這些感嘆時，最重要的是要包含真心。那位聽我說了許多話的財團高層，就像是心身靈都向我敞開一般。我說的話不可能都是新知識，我也不知道是否真的對他有幫助，也有可能都是他早就知道的內容。但在那個當下，他真心真意地將自己的時間花在我身上傾聽。不是說愛就是願意花時間在對方身上嗎？大概就是這個道理。

現在這個時代，獨自生活的人越來越多，社群軟體逐漸代替面對面溝通。再這樣下去，人們會逐漸失去共感的能力。如果你擔心在社會上處處碰壁，不如藉機反省：自己有所求時的姿態如何？有沒有對人說出真心話，讓人產生共感？

#無論是誰，被認同時就會打開心門

7. 劃清界線，提醒踩線的人

但丁（Dante Alighieri）說：「不要忘記，今天不會再次出現。」當我疲累不堪的時候，就會反覆回味這句話，幫自己加油打氣，也下定決心不要把寶貴的時間浪費在毫無用處的情緒發洩上。只是原本有限的時間內要處理的事情就夠多了，周圍還是有許多不會看臉色、總是提出許多無理的要求的人，來浪費、佔用我的時間。我的身體又沒辦法切成兩半，不得已之下只好劃清界線拒絕他人。

我認為拒絕也是一種明確的自我表達。費盡心機掩蓋無能為力的現況並非是好事，反而會阻礙雙方關係的發展，因為最後一定會想法設法躲避對方。

問題是對方的反應，一般來說，只有自尊心不足的人才會因為沒什麼大不了的拒絕，或因劃清界線受創，甚至做出攻擊的反應。因為他們錯把在現況，或工作上劃界線當作是他人是在拒絕自己。但其實如果不是極為親密的關係，實在沒有必須顧慮到每個人無謂的自尊心。最好的方法當然是一開始就明確地表明立場，如果做不到的話，也有方法可以溫和地表明自己的意思，同時又不會使聽的人感覺不舒服。

我跟某位女前輩關係親如姊妹，無論什麼話題，這位前輩總是暢所欲言，絲毫沒有顧慮，行動力也強。因此，常常聽到他人說她很強勢。從一個人平日的說話習慣或行為大概就可以看出是怎樣的人，可奇怪的是這位前輩跟周圍所有人的關係都很好。

有一次，我跟這位前輩，還有一位彼此都認識的後輩一起吃飯。原本是我和前輩的兩人聚餐，但這位後輩因為非常景仰前輩，就跟著來吃飯了。只是這位後輩對前輩的好奇程度有點太超過了，前輩工作能力強，性格又豪爽，我完全可以理解這位後輩想要親近的心情。但這位後輩一直問一些即使是親密的朋友關係，也必須問得小心翼翼的私人問題。前輩拒絕回答一兩次後，稍微瞟了他一眼，伸出食指左右搖擺說：

「好了，到這裡為止。」

「妳為什麼問那些事情？太沒有禮貌了！」原本前輩可以這樣教訓後輩，但她卻使用簡單果決的方式拒絕。因為前輩這句貼心的表達，後輩也沒有感到難為情，只是安靜閉起嘴。就這樣，差一點就會變得尷尬的氣氛又變得舒服愉快。

「你剛剛踩到線了。」

事實上，大多數人遭遇他人拒絕自己的要求時，比起被拒絕這件事情本身，更在意的是對方的表達。也就是說，即使都是遭到拒絕，表達方式不同就會引發不同的情緒。因此，當我遇到無理的要求時，不僅不會露出不開心的表情，反而會滿臉笑意地說：「你剛剛踩到線了。」

如果是關係親密的人，我會多說一句：「我看起來像是會改變心意的人嗎？要收買我的心嗎？」

只要稍微環抱雙手輕輕地說出這句話，對方通常都會被嚇一跳，露出慌張的神情。或許會頓時覺得丟臉，但是不愉快的情緒不會維持長久。當然這種方法並非適用所有情況，如果被要求的並非私事，而是自己無法馬上解決的工作問題的話，這樣回答就會顯得無能。

某位後輩時常因無法拒絕工作上的要求而感到痛苦，於是我傳授了一個看似答應的拒絕法，可以說是一半拒絕一半答應吧。「雨票（Rain Ticket）」是來自棒球界的點子，棒球比賽途中，如果遇到暴風雨等預想不到的情況導致無法繼續時，為了讓觀眾下次可以繼續觀賽，就會發給觀眾雨票。購物時，如果現場商品已經銷售一空，店家為了讓顧客下次還會再來，也會發兌換券給客人；無法馬上答應聚餐或邀約時，也可以表明下次再約；遇到無法拒絕的情況時，使用「雨票」的效果最佳。

誠實地跟對方說明自己目前的困境後，反過來跟對方提出自己會答應某個條件。當有人提出緊急要求時，可以說「現在我很難馬上幫忙，明天下午應該沒問題，你想要哪個時間段呢？」或「你提出的要求，我只能幫忙這部分而已。」那些會提出緊急且無禮要求的人基本上只想提出要求，並不願意一起付出心力，所以通常這樣回答之後，大多數人就會取消要求。即使對方依然希望你能幫忙，這樣說之後也可以盡可能減少消耗心力。

生活中絕對會遇到不得不拒絕的情況，不管是多麼親近的人，如果對方越過自己的界線，提出無理要求時，也必須明確地表明自己的意思。

全盤拒絕或是全盤答應都是破壞健康關係的毒藥。不過，當自己真的無能為力，必須全盤拒絕時，之後也要主要聯絡對方表明歉意。如果連這樣小小的關心都無法傳遞給對方，只會讓遺憾轉變成埋怨。

當有人提出要求時，我們必須暫時放下手邊的工作，聽對方說明來龍去脈。認真聽對方說話就已經非常足夠了。因為我願意花寶貴的時間在對方身上，也算是不小的安慰。

8. 英文對話法

我一週內約有十幾個大大小小的會議，根據情況不同有時是發言者，有時則是評論者。根據這些經驗，我發現無論是在哪種情況下，說話的成敗跟「內容」無關，主要由「怎樣表達」決定。

其實，我從事記者工作的前十年都不懂得這個道理。以前的我認為工作上的事情必須百分之百地準確傳達，即使是內容聽起來會有點不舒服的企劃案，我也總是直率地說出來。因此，有人說我太過直言不諱。

我出社會後常常說的話是「對事不對人」，但這樣明確地區分是非並坦率地說出自己想法之後，反而讓人認為我從不顧慮他人情緒、自視甚高，造成了無數次誤會。

他們沒有想要說的慾望嗎？

過往我常因說錯話造成誤會，某位前輩看到我如此苦惱，有一天就告訴我：「妳先試試看把要說的話忍下來，就像要開口說英文之前會再想一想那樣。」

馬克・古爾斯頓（Mark Goulston）在著作《只需傾聽：與所有人都能溝通的祕密》（*Just Listen: Discover the Secret to Getting Through to Absolutely Anyone*）中提到，在對話過程中，說話超過四十秒以上時，自己的想法就會越來越多，雙方對話就會變質成自言自語。作者把對話的前二十秒比喻成綠色信號燈，這時候雙方對彼此都有好感，也會注意聽對話說話。可是二十秒之後，如果某一方單方面持續說話，這個綠色燈就會變成黃色燈，聽的那一方也會漸漸失去興趣。而超過四十秒的話，就會變成紅色信號燈，聽者就會開始產生敵意。只是通常人們聊著聊著，就會在不知不覺中忽視對方的反應，急著發表自己的言論。在實際對話中，是很難察覺綠色燈何時變成黃色燈，又是何時變成紅色燈。

這個時候非常有用的方法，就是前輩說的「像說英文一樣先想一想」。大家可以想像一下，只要不是旅美僑胞，為了不說出奇怪的英文，都會先在腦中冷靜地整理自己的想法。因為要選出適當的用詞，文法也要正確，最後為了能夠準確地把自己的意思傳達給對方，還會先在腦中演練一遍。因為不得不慎重地說，即使是簡單的句子也會在開口前反覆推敲，甚至為了避免說錯話，還會把兩句話縮短成一句話。況且我們從小學的英文教科書中沒有類似俚語的不好表達。即使是拒絕或是否定的表達，大部分也是誠懇和有禮貌的。換而言之，就是完全不可能傷害對方情感的表達。

談話內容相同，根據說的人不同，就會帶來截然不同的結果。原因就在於表達方式的差異。無論是某個領域的頂級專家，還是企業的CEO，他們的共同才能就是愉快地對話。他們明明知道很多，資訊也相當多，可是我從來沒看過他們單方面地發表自己的主張。有時候為了好玩，他們也會說些幽默話。可是這些表達或語氣一定是慎重和有禮貌。當另一方感覺到他們正在認真聽自己說話，感覺被尊重，自然對他們好感倍增。難道他們沒有想要說的慾望嗎？他們有，但是他知道如果總是自己在說話，不僅僅無法親近對方，對方最後也會選擇性地挑喜歡的部分聽。

某企業的ＣＥＯ跟我私交甚好。他告訴我在談重要事情時，一定要在腦中不斷地進行清空練習。他還進一步說明，在對話過程中，自己腦中的大部分想法都要盡可能忽視。這樣做的話，話自然就會變少，把注意力放在對方身上後也更容易得到對方的認同。如果為了更準確地表達自己的意思，不斷地說明或是把隨時冒出的想法毫不修飾地說出來，不僅僅無法達成預期的談話目的，對話的品質也很糟糕。

「我們在跟對方說話時，腦中不停地冒出自己要說的話。就像為了某個時候射出弓箭，瞄準了靶心。」

這句話是與人對話時腦中清空的ＣＥＯ補充說明的，意思跟像說英文那樣說話相同，都是要惜字如金。如果太專注「什麼」，只說自己想說的話，就會不小心忽視了眼前的聽眾，不是嗎？

溝通很難嗎？對方和我說話時好像有所顧忌嗎？想用對的話提高自己的影響力嗎？

那麼，首先我們要練習暫停要說的話。把兩句話改成一句話，或是觀察對方的反應後忍住自己想要說話的慾望。我們剛開始學英文時，比起口語，都是先練習聽力。只要先打開了耳朵，說話也會隨之開竅。

#如果總是自己在說話，不僅僅無法親近對方，對方最後也會選擇性地挑喜歡的部分聽

9. 會議談判桌必備「不說服的說服法」

沒有人一出生就擅長說話。無論是誰都曾因為說話感到恐懼且陷入困境。即使是帶領數千名員工的CEO們也都認為要在新入職員或某些人面前闡述合理的主張，且讓對方在心情愉悅的前提下被說服是極為困難的。

我還是記者菜鳥時，也是如此。常常因無法引導害羞的受訪人開口而內心受創，或是好幾次在會議上因堅持自己的觀點而被上司責備。在無數次的犯錯之後，我發現有效的說話是需要學習和訓練的。

可惜的是我們在學校會學習英文、數學，但從來不曾學習過對話技巧。不過，幸運的是成功的對話或說服並不需要天生的好口才。

接下來我要介紹過去我見過的無數說服達人們、溝通大師們共同擁有的成功說話技巧。如果你希望能夠說出不爭吵就能贏的話，那一定要好好學習。

說服的關鍵是讓跟我觀點不同的人改變想法，認同自己。我們在對話中最常犯下的錯誤是急於傳達自己的意見，但聽者根本無法充分理解。在闡述自己的意見之前，必須先瞭解站在我面前的聽者是怎樣的人，現在又是處於哪種情況。特別是對方是自己主管的時候。被主管拒絕的大部分原因都是不知道主管現在對於這個企劃案有何感想和現況如何。千萬不要忘記自己處於某種特殊情況，而對方也可能正處於自己完全不知的情況。好好準備對話內容固然重要，但先瞭解對方的個性或情況有助於提高對方對自己的好感度。

那要如何瞭解對方的個性或情況呢？那就是當下要提出問題。例如，當收到新任務時，可以通過簡單的提問大概瞭解這件事情是有多緊急或多重要，以及對工作有什麼意義。雖然大多數主管希望下屬不要多問，默默地把事情處理好，但是並不會討厭跟解決方案和發展有關的問題。這反而是下屬們通過恰和時宜的問題展現積極工作態度的機會。

在拜訪別家公司時，如果事先瞭解那家公司的動向或企業哲學等，那對話時就會更加順暢。有效的說服除了理論和實力之外，也需要「關心對方」這個配套措施。

不爭吵就能贏的三個原則

1. 沒有比萬分準備更靠得住的武器

所有事情都是如此，談話能否成功自然也是由準備的程度決定。如果在原本不需要發言的場合上，突然被要求發表個人想法的話，就會因為沒有事前準備說得結結巴巴或大幅提高說錯話的機率。因此，如果是參加團隊合作的工作或公開的會議，又或者會遇到陌生人的場合，都要做好「自己有可能要發言」的心理準備。

某位前輩被公認總能在會議上提出別出心裁的創意，他每次接到重要企劃案後，在開會前都會跟周圍的人像純聊天似地分享這個企劃案的內容。有許多點子就是在跟朋友或同事的日常對話自然地冒出來。「最近有這種流行語，你知道嗎？」、「我最近對這個很感興趣……」只要一打開話匣子，就會獲得或啟發意想不到的點子。

跟陌生人第一次見面時，事先瞭解最近的時事新聞的話，會起到很大的幫助。總之，就是準備能夠引起對方興趣的話題。特別是跟輩份比較高的人見面，通過新聞日報先瞭解經濟問題或國際新聞等，那就可以很容易地開啟話題。

由雙方都感興趣的話題開始聊起的話，除了可以解除對方的警惕，同時也比較容易讓對方說出內心話。

2. 不要把說服和爭論搞混

在會議或企劃案等工作上進行討論時，最重要的並不是通過強硬手段讓對方接受，而是要得到對方真心的認同。理性思考和邏輯當然很重要，但如果無法獲得真心的認同，那就不是真正的說服。為了主張自己的論點，闡述自己意見的同時還重傷對方主張的話，看起來好像是成功了，但對方的心也因此離我們遠去，最後並沒有益處。因為對方只是表面上表示同意，但在實際執行面上並不會確實給予協助。

在主張自己看法時，如果出現即將展開口舌之爭時，最好先暫停一下。太過強硬地主張自己意見時，討論就會轉變成爭吵，最後十之八九變質成情緒爭吵。如果持續爭吵的話，不只是工作被影響，也會失去人心。這時候，我們只要退一步，好好聽聽對方說的話，然候針對跟自己想法不同的部分提出問題就可以了。

如果對方的意見真的不適合的話，那通過提問就可以使對方自己發覺。「不可以的話」等脅迫性發言都絕對禁止。在難以說服對方時，非常容易說出這種負面的假設性發言，這種話聽起來就像要把責任轉嫁到與自己爭鋒相對的對方身上，讓人誤以為是攻擊性態度。無論是哪種情況下，在說服眼前強烈主張自我意見的人的同時，千萬不要鬆懈防禦之心。

3. 不是靠說強硬的話，而是靠真心來獲得勝利

在說話的時候，最重要的不是對話技巧，也不是說服手法，是自己對於即將要說的內容有多麼堂堂正正。

如果是天生「說話強硬」的人，或許無論是哪種提案都可能簡單且快速地讓對方同意。但是這種才能是有侷限性的。反而是口才不好，但是真心溝通的話，說服對方的可能性更高。越是重要的談判越是坦率地表明自己的立場，把真實情況傳達給對方，反而會得到意想不到的好結果。

結論就是說服的祕訣是自己對他人堂堂正正的態度。當我們態度坦率，堂堂正正時，說話語氣也會是如此。當我們光明磊落時，就可以自由自在地闡述意見，肩膀自然地展開，眼神也不會閃躲。絲毫沒有隱瞞的態度和充滿自信的表情會使對方提高對自己的期待和關心。

不需要執意當下說服對方，只要雙方充滿好感回去就可以。針對自己想在談判時說的話反問自己，看是不是可以說服得了自己。這也是為何要檢討的原因。

#說服不是爭論，是真心的認同

10. 選擇適合自己的好話

心理學家亞伯拉罕・哈羅德・馬斯洛（Abraham Harold Maslow）說：

「如果你手上的工具只有錘子，那所有問題都不可能解決。」

說話也是如此。如果習慣性地說不好聽的話，粗俗的話和負面的話，那你就會覺得世界上所有事情都像一面牆擋在自己面前，對於自己要面臨的問題感到痛苦難受。習慣性說出來的話最後會支配我們的想法。

當然如果身邊的人也是抱持負面想法，自然不可能互相幫彼此加油打氣並維持友好關係。想想看，如果有人每次都是口出惡言，想法負面的話，那還會有誰願意跟他在一起呢？

因此，我常常跟後輩們說。如果想從他人口中聽到溫柔和親切的話，那就要努力練習，然後自己先說說看。如同錘子的話，就像在他人的胸口釘上大鐵釘。而如同絨毛般溫暖的話，會讓聽者像吃了維他命似地充滿能量。這樣的話也要先自己說看看。

問題是雖然心中知道要這樣做，但在實際生活中要從自己口中說出來並不容易。這些話像是書或電影中才會出現的台詞，實在是不知道該如何說出口。我曾經見過一位年邁的ＣＥＯ，他說他活了這樣久，從沒有對太太說過「我愛妳」。

不過，以我的經驗來看，並不是說不出口才沒有說，而是沒有說過才會說不出口。只要找到自己可以說的話之後，持續訓練就可以了。突然在某一天就會自然地說出來，聽的人也很自然地接受。就像前面提過的像第一次學習外國語那樣說就可以了。

除此之外，把自己要說的話寫在手冊上，每天邊看邊反應和調整也是不錯的方法。我自己覺得全都寫在手冊上很麻煩，所以使用的方法是把好話「視覺化」。在智慧型手機普及之前，我會把喜歡的句子或名言寫在便條貼上，然後貼在容易看到的地方。這是為了防止原本就直言不諱的自己在擔任社會新聞記者後變得更常說粗言穢語。

我現在主要使用的，是手機各種通訊軟體的聊天視窗。只要是醒著的時候手機從不離身，所以我會在通訊軟體上傳鼓勵自己的話，或是自己要記住的話。這是為了當無意識地打開時，自己就會先看到這些話。這些被記錄下來的話，一天之內看到好幾次之後，不知不覺中我們的大腦就會很自然地認為這是自己的東西。感覺就像在腦中打造一座美麗的花園。我跟下屬們的對話視窗名稱是「親愛的夥伴們」。看到「親愛的」這個修飾語的瞬間，就會變得寬容大度，也會想每天跟下屬們打招呼。即使要追問什麼問題時，也會因為「親愛的」這個單詞讓內心變得更溫和些，即使要說的內容相同，也會小心地選擇好聽到話來告知。

有趣的是，雖然只是眼睛看那些話而已，時間久了之後，突然有一天我發現自己會直接從口中說出那些話。潛意識的力量真的非常驚人。即使要說相同內容的話，我也會選擇適合的自己的表達。當然也有些看起來很好的話，但是因為覺得太像電視劇台詞了，感覺很不自然。這種類型的話不管看多少次，還是很難說出口。例如「愛」這句話，如果太難說出口，就可以尋找一樣可以傳達自己心意的代替用語。某位認識的後輩說她說不出「我愛你」，但習慣用稍微帶點幽默的語氣說「愛你喔」、「親愛的」、「超喜歡你」。

或許剛開始周圍的人會覺得莫名其秒。我也是如此。當初我在氣氛緊張，死氣沉沉的報社編輯部濫用這些完全不符合這個地方風格的甜蜜話說時，周圍的人臉上的表情都是「現在是什麼情況？」也有人竊竊私語，說我根本就是矯揉造作。

但是又有什麼關係呢？我說出來的美麗話語我自己聽了很開心，那些無法接受好聽話的人是自己損失了。而且只要時間久了，大家都會知道你是真心的。

「你的嘴裡像是住了天使」

之後，過了好幾年，某位前輩跟我說：「你嘴巴裡住了一位天使吧。」雖然這個讚美過於誇張，但是我很開心過去的努力沒有白費。也有好幾位朋友們說想學習說好話，所以跟我一樣在手機上紀錄好話。

當人生不如意時，就要先檢討一下自己說話的方式。某一瞬間的說話可能會改變人生的方向。只是沒人知道那一瞬間何時會出現。想想看自己說的話中有哪些單詞，哪些表達。如果覺得有不妥的話，那就要像過濾井水那樣，只留下好的表達。

這個世界上存在兩類人。因為話語寂寞的人和因為話語幸福的人。要選擇哪一邊都是由自己決定。現在馬上拿出手機，在通訊軟體寫下精挑細選出來的好話，如何呢？不要忘記從自己口出說出的話，一定會影響自己的人生。

某位CEO這樣說過，只看通訊軟體上面的大頭照和文字就可以知道對方是怎樣的人，還有那個人是否能夠過上夢寐以求的人生。

#只看通訊軟體，就能知道對方是怎樣的人

第四章

身邊充滿貴人的「說好話」法則

「前輩身邊總是有許多貴人，祕訣是什麼？」

我的答案很簡單：「只要相信對方的優點就可以。」

真的就這樣簡單，有人說過：

「不相信任何人的人，也不會為任何人所信。」

當然，要相信一個人需要極大的勇氣，

只是如果沒有那份勇氣，就不可能得到任何一個人的心。

因此當我與人見面時，不管怎樣都會努力尋找對方的優點。

簡單來說，就是尋找這個人值得相信的地方，

也就是能夠持續維持關係的內在原因。

神奇的是，當我決定相信對方的瞬間，

就很容易在對方身上看到優點。

如以一來，自然相談甚歡，也能成為彼此的貴人。

人生是零和遊戲，不必羨慕他人

JIMKIM HOLDINGS的會長金勝浩出身於忠南獐項，是在美國白手起家的企業家。他的便當產業SnowFox在二〇〇五年位居全球第一，在全世界擁有一千三百多家賣場，一天之內能賣出十萬多個便當，年銷售額超過三千五百億韓幣。他在自己的著作《看似知道，其實並不知道》中這樣說：

「人生的數學相當微妙，並沒有固定公式。並不是我壓倒對方就能贏；或必須我輸了，對方才能獲勝。又或者有人希望我不幸，我就會變得不幸；有人希望我幸福的話，我就會幸福，世界上並沒有這種方程式。想要更多時，反而得到更少；想要更少時，反而獲得更多。原本想助人一臂之力，沒想到伸出雙臂後，反而是自己有所得；而自己想有得時，反而錯過了機會。」

我出生在一個開銷節約的家庭，作為三個女兒中的長女，因為生活不寬裕，所以我總是勒緊腰帶活著。在我的記憶中，沒有拿過零用錢，也沒有買過想要的東西。而我的妹妹們因為家庭環境越來越好，她們享有相對比較悠閒的人生。從小我就知道自己從一開始就不可能從父母那邊獲得悠閒自在的人生。

我的人生只能依靠自身努力來改善。在這種緊迫感之下，我認為最現實的方法就是通過學習來實現夢想。於是，我竭盡全力往前奔跑。

可笑的是，即使生活越來約寬裕了，在我考上大學之後，父母還是只專心照顧兩位妹妹。於是，我為了賺取零用錢和學費，每個月必須做五份家教，過著打工生活。而兩位妹妹則可以從父母那邊拿到足夠的零用錢，好好享受十幾歲的人生。

進入大學之後，我發現這個世界更加不公平。看到那些比我不努力的人，或是擁有許多東西的人，我不由地感到鬱悶，心想：「這樣世界還有天理嗎？」我在原生家庭中已經遭受如此不公平待遇，沒想到外面的世界更是如此。於是，我更加奮發圖強。

最後，我的人生沒有大起大落，自己付出多少努力，就得到相對應的結果。當我接受「命運」這個論點之後，所有事情就變得單純多了。埋怨父母和怪罪這個世界都毫無意義。或許我領悟得太過早了吧？

於是，我作為「獨立大魔王」重生誕生，所有事情都是靠自己的力量去完成。當然偶爾也會想像會不會出現白馬王子把我從這個沈重的人生解救出去，但是以其去等待不知道會不會出現的白馬王子，還不如讓自己變成有能力的人，才能更快地改變人生。因此，我極少請他人幫忙，總是習慣一個人默默地做。就這樣，在不知不覺中我成為所有事情必須獨自做才能安心的人。

像我如此嚴格要求自我的人，又怎可能先開口請他人幫忙呢？當然我不會後悔自己過去竭盡全力的那些日子，只是長久以來如果我能過得更富足一點的話，能更聰明一點的話，能多看看外面世界，多一點悠閒的話，現在或許就能少點遺憾。

我是在記者工作十多年之後，才擺脫這種不公平的心態。因為採訪見過許多人，我才明白表面上看到的並非是全部，所謂的人生是有得必有失。我人生的不足之處，在某一瞬間生命一定會用其他東西填滿，就像零和遊戲一般。

以自己的雙手引領人生，走向「成熟的自由」

因為職業的關係，我常常有機會近距離看到讓世界上所有人都羨慕的富二代。他們從出生那一刻起，就必須了為了王位跟兄弟姊妹們競爭。其實他們的人生比我們想像的更殘酷疲累，痛苦煎熬。隨著長大，還有各種規範和社會牽制附加上來，以及每天睡醒之後要時刻思考公司的運營。他們必須抵制著血濃於水的兄弟姊妹們才能生存下去，在這種環境下他們應該一次也沒有彼此分享過真心吧？八竿子打不著的遠方親戚為了跟富二代沾上邊，不停地前來拜訪，而社會大眾也時刻關注著他們的一舉一動。

有一次某位喝醉酒了的朋友對財團第三代說：「要不要來我們夜店玩？」沒想到對方居然大笑著說：「不行啦！我家員工有兩萬名呀。」接著笑著開玩笑說那些大家都會去的大眾酒店、夜店等遊樂場所，他這輩子是連想也不用想，雖然沒有人綁著自己的雙手，但他從來沒有感受過自由。

看到學歷、財力、外表等全都具備的富二代們，應該無論是誰都會羨慕吧？

我也會想過那樣的人生，甚至心想如果自己出生在那樣的環境，我應該會比他們做得更好。

只是這些擁有一切的完美富二代們真的過著幸福快樂的人生嗎？他們已經擁有了一切，所以對於擁有不會感到愉快，當然也不知道人們為了成長品嘗的苦楚。或許也沒有為了得到什麼或到達某個位置而下定決心努力吧？無論去哪裡都是搭專機的他們是不可能理解一般人為了某次紀念特別搭商務艙後，會興奮到整夜未眠，真心享受飛機餐，還要留下紀念照的樂趣。把獲得的獎金拿給父母的滿足感，定期存到一筆錢之後去旅行的愉悅感，週末下午坐在書店角落翻看新刊的小小悠閒感，搬到坪數更大的房子的興奮感等人生道路上隱藏著的小小「生活樂趣」，他們應該一輩子也無法體驗。每天都要面對千變萬化的外在環境以及必須守住企業的壓迫感，或許不眠不休的日子更多吧。

我曾經訪談過的某位身價達數千億的資產家說自己只要一躺在床上，腦中就會浮現數百億的大合約，完全沒有好好睡過覺。他原本是一個顧家型的人，但隨著公司規模越來越大，生活越來越忙碌，最後所有事情都是用錢來解決。即使擁有一百坪的空中別墅和高級渡假村，太太依然以關係不合為由打算與他離婚。還有一位跟財團二代結婚的企業家，每天半夜都會被岳父叫去工作，最後得了心臟病。因為過得太過不幸福，最終選擇簽字離婚。當然並非所有富二代的人生都是如此，只是每次看到他們時候，我都會開玩笑地說他們上輩子到底做了多少壞事，這輩子才會作為富二代出生。

得到更多，就會失去更多。要守護的東西更多，那就會離自由的人生更加遙遠。相反地，即使一開始沒有擁有什麼，但通過自己的努力能享受到夢想成真的喜悅，而同時通過自己雙手引領人生走向成熟的自由。如果我出生在富裕的家庭，或許就無法體驗盡最大努力完成小小成就的喜悅。正因為有許多不足，才有空間可以努力。正因為一開始沒人可以幫忙，才會一個人解決所有問題，也培養出獨立自主的韌勁。雖然我也是很晚才領悟到，但是我欠缺的也是他人的不足，當我幫助了他人，我就會得到雙倍的回饋。這個就是宇宙的真理。

世界上沒有免費的午餐這句話意思並不是要得到什麼，就必須付出代價。而是我沒有的東西，一定會通過其他什麼來填滿。人生中如果有不知道為何而欠缺的部分，那一定有別的什麼東西已經存在了。

像這樣看待這個世界時，根本不需要羨慕他人，也不需要感嘆自己的人生。懂得大大方方地跟他人手牽手，就會知道比起一個人快速前進的寂寞感，一起攜手能過走得更遠更開心。不要執著於自己沒有的東西，反而是要愉快地先對他人付出。豐富的人生就是從這裡開始。

#人生就是有容乃大，月盈則虧

信任會讓對方成為更好的人

K常務一開始是我的受訪者，後來與我的關係情如姊妹。她是韓國社會上少數大企業女性高階管理者之一。從自我管理到企業經營，她身上有許多值得我效仿的地方。有一次，我跟她一起吃晚餐。途中她打了一通電話，用特別親密的語氣跟對方說：

「伯母，我今天好像會晚點一點。請您自己要好好吃飯，孩子們也麻煩您了。」

我問她是不是伯母現在在她家，她回答道：

「不是啦，是來家裡幫忙的阿姨，不過我們全家人都叫她伯母。」

看到我一臉疑惑，她繼續說下去。雖然一開始是通過中介公司找到這位阿姨，但是她從一開始就是以家人的心態迎接這位阿姨。K常務認為這位阿姨代替自己打掃家裡和照顧小孩，賦予她家人的資格是理所當然的事情。不只是自己，丈夫和孩子們也是稱她為「伯母」，並完全信任她。K常務把她當成真的伯母已經超過十年了，而這位阿姨也像真的伯母那樣把K常務全家當成真正的家人來照顧。除了清晨早早就去菜市場直接採購食材，就連孩子們的交友問題也親自出面幫忙解決，甚至拿出平時累積的私房錢幫孩子們過生日。這位阿姨如此好心腸，K常務自然非常感激。吃完晚餐後，K常務為在家等待的伯母點了一個蛋糕，然後這樣說：「信任是遇到好人的祕訣。」

人們常說位置決定一個人，但信任決定一個人或許是更準確的表達。當然K常務也有可能是運氣好遇到這位好阿姨，但K常務全家信任她，稱她為「伯母」這點不也是讓這位阿姨真的把自己當成這個家的長輩的契機嗎？

漢字「人」象徵的意義是人和人是互相依靠的存在。而「人間」指的是我們必須存在「人與人之間」，是社會性的存在。

身邊圍繞貴人的祕訣

我認為人與人之間，也就是人際關係中最重要的是彼此的信任。所有關係的根源和開始都是源於自己對對方的信任，真心的信賴會使對方成為更好的人。意思就是說對方為了符合被信任的角色，會自發性地努力和盡責。結果，受惠會重新回到那個先打開心房信任對方的人身上。

有一次，某位後輩問我：「前輩身邊總是有許多貴人，祕訣是什麼？」我的答案很簡單：「只要相信對方的優點就可以了。」真的就這樣簡單。有人說過：「不相信任何人的人，也不會為任何人相信。」當然要相信一個人需要極大的勇氣，只是如果沒有那個勇氣的話，就不可能得到任何一個人的心。

因此，當我與人見面時不管怎樣，都會努力尋找對方的優點。簡單來說就是尋找這個人值得相信的地方，自己跟對方能夠持續維持關係的內在原因。神奇的是當我決定相信對方的瞬間，就很容易在對方身上看到優點。這樣的話，自然相談甚歡，成為彼此的貴人。

某有名企業的宣傳部長在記者界出名的難溝通和不親切，其實我在之前根本不知道有自己這些評價。我第一次見到她時，雖然感覺她很固執，但反而認為這是有自己堅持的原則，也是一個優點。因為不需要說場面話，只提重點，也不會讓她感覺不愉快。大家都是忙碌的人，千篇一律的寒暄不提也罷。

像這樣打開心房之後，我發現她只是表面上倔強而已，內心充滿溫情。與她認識已經超過十年了，我們彼此信任，無論何時何地聯絡總是用相同的心對待對方。當我找不到新聞或專欄素材時，不知道她如何得知，就會主動告知我：「這個應該可以成為話題。」她也會在適合的場合發言支持我和聲援我。

最近，我跟她見面時，跟她說自己很意外其他人都不知道她有這樣溫和的一面。她這樣回答：

「沒錯，我只會答應妳提出來的要求。只有面對部長，我才會不知不覺願意幫忙。」

大多數人都因人際關係而感到痛苦。這些苦惱十之八九都是人的問題。但看起來複雜多變的人與人之間的問題，解決方法其實很簡單。

那就是打開心門。只是要記住心門的鎖不是在外面，而是在裡面。也就是說，他人無法強行打開。希望對方自己打開心門的方法就是自己先打自己的心門。

在這個假新聞滿天飛，隨機傷害詐欺事件橫行的世界，要自己先打開心門這句話聽起來或許是錯誤的觀點。

但正因為現在是充滿懷疑的時代，信賴的價值反而更為重要。如果通過懷疑或算計來維持關係的話，結果只會讓自己疲累不堪。明明討厭也要假裝喜歡，明明勞累也要假裝沒關係，這樣該有多痛苦。只要好好弄清楚自己真的需要什麼，答案就會很簡單。想要獨自一人面對所有問題，一意孤行地活下去，或是通過信賴打造牢固的友軍後獲得保護活下去，都是自己的選擇。

#付出信任的勇氣後，可以獲得人心

身邊的人過得好自己才會幸福

根據二〇一八年聯合國發表的《世界幸福報告》，韓國的幸福指數在滿分十分的計算下。獲得五點八七五分；在一百五十七個國家當中，排名第五十七位。或許會有人認為已經位居中間水準，但以韓國GDP全世界第十二名的標準來看，就會發現跟經濟水準相比，幸福指數落後一大截。如果只看經濟合作暨發展組織中的成員國，在三十四個國家中，韓國幸福指數排名第三十二位，差不多是墊底的水準。對於大多數韓國人來說，生活條件提高了，但對於現實的滿意度卻下降，也覺得看不到未來。到底原因是什麼呢？

幸福學創始人艾德・迪安納（Ed Diener）教授和肯定心裡學的權威馬

丁・賽里格曼（Martin Seligman）教授一起發表過〈非常幸福的人（Very Happy）〉這篇標題相當有趣的論文。兩個人針對約兩百名的人進行幸福指數測量後，開始分析指數位於前百分之十的人的特徵。結果，他們發現幸福的主要原因，也就是跟不幸福的人區分的特徵不是金錢、健康或名譽，而是「關係」。

幸福指數最高的人跟指數低的人相比，獨處時間相對來說並不多，日常生活中大多時間都與人交流。周圍總是有人相陪，人際關係網又廣又深。同時自己在朋友中評價頗高。

報告或研究結果形容得頭頭是道，但結論是很簡單的。那就是無論是成為爆發戶或爬到更高的位置，自己一個人的話是無法獲得幸福的。老人家會說過去的日子雖然常常餓肚子，過得很辛苦，但還是覺得過去比較好。這句話並非沒有道理。因為過去有人一起分享食物，無論是傷心還是快樂都有人陪伴。這就是幸福的基本條件。

因此，我希望我的朋友、熟人，甚至認識我的周圍所有人都能夠過得很好。只有他們的人生健全幸福，才能夠長久地作為我的人生知音，我也能夠從他們身上獲得力量和勇氣。即使是對我沒有好感的人，我也希望他們能夠過得很好。因為只有自己人生過得滿足和幸福的人才會對他人寬容大度。而且當他們過得幸福之後，原本對我感到嫉妒和厭惡等負面觀點就會消失。幸福的人不可能把能量浪費在誹謗他人。也就是說，如果我想長長久久過得幸福的話，那我周圍所有的人也一定要過得很好很幸福才行。

周圍的人要先過得好的原因

幾年前，我某位從女高時期就走得很近的朋友因為丈夫公司破產，生活突然變得很艱難。有一段時間，她中斷了所有聯絡。幾年後，我們再次見面時，我覺得她憔悴到令人憐憫。不知道是不是因為經濟上的缺乏影響了她的內心，她冷嘲熱諷地責備我說：「只用金錢養小孩，妳內心不會不安喔？妳放在社群上的照片是為了炫耀嗎？」最後，我因為害怕跟她聯絡，就自然地疏離了。

不久前，某位跟我在工作上相處很好的後輩打電話來說自己已經離職了。這位後輩是在時尚界工作，總是會告訴我最新趨勢等有趣的事情。她離婚後，因為無法克服這個打擊，於是決定放下工作去留學。我當然真心希望她在全新出發之後可以重新站起來。只是這位後輩和我在工作上常常產生同感，這樣一位知心人要離開了，我的內心某個角落好像破了一個洞，有股說不出去的空虛感。

我再次發現，只有我一個人過得好是不可能幸福的，只有我周圍的人都過得很好，彼此互相分享幸福，我才能越來越幸福。許多公司到了年底都會有人事異動，這時候員工們憂喜參半，有人獲得晉升，有人戴上了勝利的桂冠，當然也有人要打包行李回家。某位平日就像大哥一樣備受依賴的知名化妝品公司代表，和某位在流通業界劃時代人物的某代表都在同一年被調派到顧問職位，從現在的位置上退下來。

那段時間我們三個人因為定期參加早上七點的早餐會，培養出友情，也常常互相幫忙。因為是在職場上建立起來的社會關係，所以當對方不再出現在現場時，難免感覺感傷。當牢靠的支援軍不在時，原本穩固的企業關係和早會也不再像之前那樣活躍了，令人非常難過。

即使自私地想，當我周圍的人都過得很好時，我才能撈到更多好處；相反地，當我周圍的人過得不好時，我能夠得到的幫助也變少了。因此，當我的友人在很好的公司就職時，我會像是自己的事情那樣開心。他們享有更棒的東西時，我能夠一起享有的機會也會增加。他們晉升時，我也會很開心。友人可能到達更具權威的位置的話，我的人脈也跟著變強大。

這就是人情味吧。不一定是眼睛看得到的東西，那些過得很好的人身上會算散發出好的能量。相反地，陷入困境的人自然散發出憂鬱和負面的能量。會主動伸手幫助他人的「愛管閒事的人」，其實是在積極幫助自己的人。如果我們改變想法認為他人過得好和幫助他人都是為了自己的話，如何呢？

#愛管閒事的人更加幸福

懂得付出才是成功的人

很久以前，我曾認識一位資產家。他住在首爾最貴的江南商住混合大樓，過著不用羨慕他人的生活。但其實他只是普通的領薪階層。當年身無分文來首爾讀大學時，靠著在工地打工賺取學費。畢業後，幸運地找到工作並用一千萬元的保證金租到只有一個房間的住處。他作為韓國無數「金組長」中的其中之一，沒有可以繼承的遺產，也沒有出眾的才能，那他是怎樣變成資產家呢？他跟前來詢問祕訣的人說：「我在考慮自己賺錢之前，總是先思考如何幫助他人，然後金錢就這樣自動出現了。看到一個石頭時，我會先想那顆石頭要給誰會有幫助。」

金組長的別名是「神燈精靈」，因為他就像《阿拉丁與神燈》中登場的神燈精靈一般，總是幫助周圍的人。主要他收到他人的要求，不管怎樣都會為了解決那個事情東奔西走。

例如幫忙寫公司企劃書的初稿等，他都會像是在做自己的事情那樣思考。當自己有了新人脈，也會琢磨自己能為那個人做什麼，並積極地介紹給其他朋友。看起來沒有什麼關聯性的人們聚在一起，同心協力集思廣益之後，許多意想不到的商業模式如雨後春筍般紛紛冒出來，其中有幾個生存下來的創業獲得不少收益。

金組長的角色雖然只是橋樑而已，但是當初如果沒有他牽線，也不可能有後來的成功。現在上軌道的事業已經超過五個了，即使一個事業每個月平均只能拿到一百萬的收益，他每個月的總收益已經讓公司薪水變成零用錢而已了。

神奇的是金組長並非先算計好得失之後，才去幫助他人。他只是在自己能力範圍之內，盡可能去幫助他人，有時候甚至忘記這就是在幫忙他人。就這樣，得到他幫助的人總是會再次回來找他。這就像給興夫葫蘆的燕子，帶來意想不到的禮物。

這樣想想，我也在扮演神燈精靈的角色。某位公司代表曾說「沈部長是我認識的所有亞洲女性中最忙的。」即使是如此忙碌的日常中，我每天至少有兩成的時間是用來幫助他人。

可能是性格的關係，當看到身邊的人遇到困難時，就會主動出手幫忙。有段時間，我非常討厭自己這種性格。我不僅要忙公司的工作和家裡的事情、還有上研究所，即使有兩個分身也不夠了，還要去幫助他人，真的每天都像跑百米競賽那樣忙到喘不過氣。可是又沒有人叫我這樣做，是我自己主動幫忙，所以也沒有人可以抱怨。只是像這樣把他人的事情當成自己的事情來做之後，突然某一瞬間我也受惠了。

心理學中有「互惠原則」這個說法。人無論是收到哪種形式的好意，都會產生想要給予對方相對應報答的心態。就像如果收到他人贈送的生日禮物，那我們也會特意記下對方的生日後，準備送禮物給對方。

這種負債意識到底有多強呢？英文的「給您添麻煩了（Much obliged）」這句話跟「謝謝（Thank you）」意思相同。日文「すみません」的意思是「給您添麻煩了，非常不好意思」，也包含了未來會為此盡責的意思。

收起「take」，只思考「give」

不過，我認為這種互惠原則並不是指「給一個，拿一個」的單純算計。如果事先就算計要拿到什麼之後，再特意地釋出善意，對方不可能不知道。說不定反而會引來比不幫忙更糟糕的結果。只有不期待回報地釋出善意，才能讓對方對未來的義務感更持久更強烈。我周圍的成功人士全都是不求回報地幫助他人。

既然都要幫助他人了，那就收起「take」，只要思考「give」。算計 take 的話，只會輸掉這次謙讓。自己對 give 就能感到滿足的話，才是勝者的謙讓。不算計的給予會獲得意想不到的收穫，充滿互助的行為才更加富有人情味。這也是善意的給予創造出來的善循環。

不需要做什麼偉大的事。只要從自己能夠做到的小事情開始就可以了。一件小到不值得記住的事，也能帶來好事。這樣的喜悅，沒有體驗過的人是無法理解的。

#小到不值得記住的事，也能帶來好事

肯定式洗腦，我會相信自己說的話

幼稚園老師在教小孩們禮貌時，講了這樣一個故事：

某個小孩跟朋友吵架之後，爬到家附近的山上，對著空中大喊：「你是傻瓜，笨蛋！」

這時候，對面傳來回音：「你是傻瓜，笨蛋！」

被嚇到了的孩子跑回家，告訴媽媽在山上有一個壞傢伙說自己是傻瓜。於是，媽媽牽著他的手再次回到山上，告訴孩子這次這樣喊看看：

「漂亮寶貝，我愛你。」

這次孩子沒有聽到傻瓜這句話，反而是聽到我愛你這句溫暖的話。

這個故事是真實的，人生跟回音並沒有不同。所謂種瓜得瓜，種豆得豆。特別是自己說過的話，會原原本本地回到自己身上。這也是為何即使是自言自語也不可以亂說話。

不久之前，在某家公司上班的後輩說有事情找我商量。他入社以來第一次擔任組長，發現組員們的工作能力明顯低下，所以非常苦惱。他想問我該如何動手處理，沒想到我反問他：「你相信自己的組員們嗎？他們認為你信任他們嗎？」

這位後輩無法回答這個問題，於是我提供了一個方法。那就是先改變自己對組員們說的話。不可以說「你只能做到這樣嗎？」、「不夠」、「這樣不可以」，要特意改成說「你做得很好」、「非常棒」、「我相信你」等話語。在跟外部人員或其他同事介紹組員時，也要盡可能說出最棒的讚美。

後輩滿臉沉悶地回去了。但是不到一個月，滿臉春風地再次出現在我面前。後輩說：「我現在知道為什麼前輩要我改變說的話了。」

雖然一開始刻意地說出不符合自己意思的話真的非常辛苦，但是只要繼續厚臉皮地說出那些好話，最後那些好話再次回到自己身上。

組員們聽到被稱讚之後，開始自發性工作。當他開始對組員說有點肉麻的話，例如「你是我的最愛」，組員們也會回說：「為了報答您的愛，我們會努力工作。」

還有，後輩在跟外部人員或其他同事介紹組員時，都會稱他們為「夢之隊」，不久之後，連原本對團隊愛搭不理的組員也覺得自己的團隊開始受到關注，在不知不覺中自己的團隊已經因為菁英組員成為公司熱門話題。

後輩興奮地把這些事情告訴我之後，說了一句話：「最神奇的是，我真的開始信任組員，我的團隊也成為他人羨慕的最強團隊，這是最棒的事。」

加上修飾語的感覺很棒

當時我會提出改變說的話這個方法的用意就在於此。話語真的非常神奇，不只是改變了對方，連說話者本人也被改變了。話語本身會如此地影射出我目前陷入的情況，也會改變我的心。

這個現象在心理學是稱之為「自我實現預言」。社會學家威廉・艾薩克・托馬斯（William Isaac Thomas）說：「人們只要用話語說出某個情況，那結果就是那個情況會變成真實。」人們並不是針對客觀的現況做出反應，而是對自己解析過的現況做出反應，當這些反應累積多了，自己解析的情況就會開始逐漸成真。

想想看。我們說出來的話語最先聽到的人是誰呢？在對方聽到之前，最先聽到的人一定是自己。因此，我們說的話不只是影響對方，而是先影響說出話的當事人的身體和心靈。

首爾白醫院精神健康醫學科的禹鍾民教授，在著作《翻轉的力量》中提到，我們的大腦無法區分「語言和現實」。因此平時說的話會直接「投射」在我們的身體和心靈上。即使是無意識下說出來的話，大腦也會通過聽覺系統直接記錄下來，身體和心靈會根據那句話的資訊提前產生變化。如果我們持續對某人說「我愛你」、「你做得很好」、「你最棒了」、「好帥氣」等話，這些預言就會強烈地鼓勵對方改變行動，除此之外說這些話的人也會認為對方就是「值得得被愛的人」、「做得很好的人」、「最棒的人」、「最帥氣的人」。

因此，我稱呼某人時，會有意識地使用「親愛的A君」、「尊敬的B先生」、「有能力的C」、「最愛的D」等表達。我並不是從一開始就濫用這種雞皮疙瘩（？）落滿地的用詞。而是某次我受到他人的幫忙之後，想要跟對方表達謝意時，加上了這種修飾語。

加上修飾語的感覺很棒。為了明確寫出對方的特徵和優點，就需要觀察力了。當然也要考慮對方的個性和地位高低之後，先決定要不要加上修飾語。第一次被這樣稱呼的人都會感到難為情，但當他們習慣之後，也會開始學習這個習慣。後來也多了「善良的」、「笑起來很美」、「可靠的後輩」等這種根據對方給人感覺的修飾語。

手機或電腦上的聊天軟體內儲存的名字也一一加上美麗的修飾語，為了表達好感，也會在名字前後加上貼圖。無論是說話還是聊天軟體，最先看到的會是自己。這樣做的效果驚人，經常看到或聽到這些話的人，已經被我成功地洗腦了。

這樣做之後，矛盾減少了，正面能量增加了。而且我使用過的修飾語又再次回到我身上

「親愛的熙正，尊敬的部長」，我身邊的人都會這樣對我說。

結果，我說出的話的最大受惠者是自己。試試看自己說出的話會帶怎樣的變化。你會看到意想不到的改變。

#親愛的某某人，給予的奇蹟

「直覺」的夥伴是關心、愛和好奇心

為了在充滿不確定性的未來生存下去，我們需要具備各種能力。當我們內在能力不足時，就會變得軟弱，無論去哪裡都會想依靠他人。只能從卜卦、算命或塔羅牌中尋求慰藉。事實上想要在未來突破重圍的話，只要擁有自己的主見和勇氣就可以了。沒有比相信自己更有用的東西了。當然宗教不在討論範圍之內。

要對自己有信心的話，需要具備的最強大能力就是可以看清這個世界的觀察力、洞察力。用現在的流行語來說就是「直覺」。當你有了直覺之後，就可以排除不好的，吸引到好的。直覺敏銳的人雖然不可能完美地預測時時刻刻變化著的未來，但是可以嗅出有什麼要來之前發出的信號或徵兆，也就是會有「強烈的感覺」。

有人先天直覺遲鈍，也有人一出生就直覺敏銳。但即使是天生洞察力很強的人如果沒有持續訓練或努力的話，那到死之前的百年時間中也難以維持敏銳的直覺。就像銳利的刀變鈍之後，也要重新磨利才能持續維持銳利的刀鋒。更不用說天生追求安逸的人類了。就連號稱獲得神力的巫師們為了維持神力也常常要去山上或海邊進行祈禱和領悟。

就像不流動的水就會變成死水，我們必續不斷訓練，才能維持直覺的敏銳度。

海恩法則（Heinrich's Law）指的是在發生嚴重事故之前，一定存在與之關聯的輕微事故或徵兆。只要能夠察覺出人生即將發生什麼事情的徵兆，即使那個徵兆極為細微，也可以提前做出準備或避開。能夠做到這種事情的人，我們稱之為賢者。

洞察未來不是消耗殆盡現在擁有的事物，而是領悟到要持續接受新的事物，抱持開放心態面對世界的運轉。通過這樣的過程累積智慧，進而擴寬人生之路，讓生活中遇到的問題比他人更容易解決一些。

希臘神話中的機會之神卡俄茹斯（Kairos）全身赤裸。卡俄茹斯的前瀏海非常引人注目，茂盛到被人容易抓到的程度。可是好笑的是他的後腦勺完全光禿禿，一根頭髮也沒有，也就沒有什麼可以被抓住。卡俄茹斯的肩膀與腳上都長有翅膀，瞬間就可以飛起來。他的手上還拿著刀與秤。當人們遇到卡俄茹斯時，他就會要求人們做出如同秤那樣準確的判斷和如同刀那樣快速做出決定。

因此，如果我們不振作精神，保持清醒的話，就無法抓住機會。問題是大多數情況是即使卡俄茹斯來到我們面前，我們根本認不出來，甚至連他離開也不知道。

正因為不知道卡俄茹斯何時會出現，我們才需要培養直覺，時刻準備著。就像「打地鼠」遊戲那樣要用棒子敲打不知道何時會從哪裡冒出來的地鼠頭。

要培養直覺並不難。直覺的夥伴是「關心、愛和好奇心」以自己為中心，開始對周圍的人付出關心和單純地打開心門。然後慢慢從家人到朋友、熟人、公司、社會、全世界、宇宙都敞開心胸，對他們付出關心就可以。

培養直覺的方法

為了培養直覺，必須持續輸入新知，並隨時改變自己。如果不能從外面持續輸入新血，那直覺就會再次變得遲鈍，甚至無用。輸入的方法有許多種。想要瞭解這個世界如何運作和如今發展成怎樣的世界，可以通過各種媒介，例如閱讀或與優秀的人的聚會等。最重要的是自己隨時隨地接受新資訊的態度和跳入知識的海洋內。

如果沒有聚會，也可以自己親自招集小聚會。我如果是在時尚界工作的話，就會把美容、飯店、汽車等跟自己無關的各種產業的熟人拉進一個「聊天室」。大家在聊天的時候，就會分享許多資訊。即使是很小的資訊，也會成為改變自己的起因。

或許你們現在還很年輕，可是大家這樣一起「社會化」之後，十年後的某一天這群人可能成為社會上各領域的中流砥柱，再過十年，這群人擔任的要職說不定可以操控這個社會。這就是黃金人脈。記者們會見到的人侷限於其他媒體的記者或是宣傳部的人，如果自己不努力擴展人脈，那人脈就很難擺脫宣傳部的關係人。

為了避免輸入的資訊太過侷限，我不斷努力打造各種領域的人脈。通過熟人的介紹認識新朋友後，只要是我不知道的領域，即使對方比我年輕，我也會把他當成專家，百分之百放低身架認真傾聽。我很開心能夠學到新資訊和知識，像海綿那樣吸收專家們暢談的所有內容也相當有趣。每次我都睜大眼睛，聚精會神地聽，對方感到到關注之後，滔滔不絕地分享自己的資訊，講到口乾舌燥。目前我輸入資訊的各領域人員有花藝設計師、芭蕾舞者、經紀人、紅酒專家、流通公司ＣＥＯ、飯店經營者、公務員、咖啡師、律師、教授等，之後這個規模會越來越龐大。

報名研究所或大學開辦的六個月短期課程就可以遇到各種職業的人，同時也可以學到新知識。Ｂ企業的Ｒ宣傳部長在報考研究所時就選了跟媒體業無關的設計美術系。他說平時會遇到的人都是記者、宣傳部人員、行銷人員、廣告負責人等，但通過這個跟本身專業無關的課程遇到了剛畢業的二十幾歲等各年齡層的人，擴大了自己人脈範圍。他也因此不斷冒出創新點子。現在他的樣子跟一年前相比，顯得更年輕，對談時也感覺得出他闡述資訊專業性時顯得更加有魄力。

我見過的ＣＥＯ們時不時去上人文課程，用相當多時間來訓練自己的洞察力。數一數二的Ｔ名品公司的代表可能給人感覺應該是每天晚上都有聚會，但其實他為了維持奢華行銷的「優勢」，每天下班後會去上學上以六個月為單位的美術、世界史等各種人文課程。還有許多ＣＥＯ因為無法參加晚上課程，就選擇早上課程。長期在飯店業工作的Ｓ顧問一個月至少一次跟約二十多位熟人自掏腰包邀請講師來幫自己上人文課。通過這樣的課程不僅是培養經營的智慧和洞察力，也讓自己比二十幾歲的年輕人更有朝氣蓬勃。

最近因為實行一週五十二小時上班制，企業內針對空間和時間都進行了革新。其中為了幫助職員們提高能力和自我開發，開辦了許多人文、教養或技術培訓等課程。像不動產拍賣、品酒師、咖啡師、論語課等各種課程，只要充分利用這些機會就可以持續自我發展。

除了各種輸入方法，還要有「年輕的感覺」。這是維持清新直覺和童顏的絕對祕密之一。只有想法變得年輕了，行動才會年輕，外貌自然看起來顯得更年輕。

雖然是老話重提，但是學校老師或教授會比同齡人想法年輕和童顏的原因就在於此。我二十幾歲的時候認識了一位廣告代理公司的代表。她現在雖然是四十歲後半了，但無論何時看起來都比實際年齡小十多歲。二十九歲時，我問過只大我兩歲的她維持童顏的祕訣。她說：「只要維持年輕的想法就可以了。」這個莫名其妙的答案讓當時的我很失落，但每次遇到人生轉彎時，我就會想起這個答案。

其實想要維持年輕的感覺單靠自己努力是不可能的事情。通過新聞、廣播等瞭解年輕人的趨勢也是有侷限性。必續常常跟比自己年輕的人交流，對他們的語言、感覺、關心的事情、趨勢、想法等產生同感，讓自己維持開放心態，才不會被說成是「老人」。這是在這個瞬息萬變的世界上生存下去最簡單的捷徑。

#抱持開放心態，面對世界的運轉

第五章

成為「樂觀主義者」
繼續好好生活

努力汲取新知、經營形象品牌，其實都是對自己的投資。
主動發展外在和內在的人，比不這樣做的人更幸福是無庸置疑的。
投資在自己身上的報酬率是最高的。
股票或不動產等投資都有變動性和危險性，
但投資在自己身上的東西絕對不會消失，且終生受用，
更重要的是還保障收益率。
要記住的是越投資自己，自卑、嫉妒、猜忌都會慢慢消失。
因為你會把注意力放在重生後自己優秀的模樣，
根本沒有時間去在意他人。
反而為了自己的成長，會真心地替他人的成就感到開心，
彼此求同存進，共同發展。

向陪伴自己到現在的身體說謝謝

喜歡自己身體原本樣子的人是身體樂觀主義，審美的觀點也會不同。採用殘酷的減肥法，或穿上緊繃到不行的塑身衣等方法來改造身材，會讓身體感到極度不舒服。但這種方法在年輕族群中受到熱烈的響應，因為他們認為只要忍耐之後，就可以變得美麗。他們接受和認同擁有這種想法的自己，甚至可以說已經是一種趨勢。但我認為不用對自己的身體過於嚴格，讓自己稍微悠閒一點並不等於放任自己的身體不管。

我們看看周圍，就會發現大家有意識地使用「好帥、好美、你很棒、看起來很好」等詞語。明明心裡沒有很喜歡朋友的新衣服，還是會甜蜜蜜地說「這件衣

服跟你好搭」；同事之間只要發現彼此外表上有小改變，就會馬上做出反應。特別是對男性熟人更是如此，明明沒有長得很帥，只要身材還算健壯，就會稱讚他為「積優股」或者「暖男」等稱號。無論臉多大、腿多長都沒有關係，反正只要大力稱讚，好像就真的變好看了。

為什麼我要對自己舉劍呢？

可是當我站在鏡子面前時，卻對自己相當殘忍。眼睛發腫了、眉毛也不整齊，頭髮完全亂翹，指甲因為沒有時間保養也很醜，真不好意思伸出雙手。生活的痕跡如實地反應在身上，那我的腿又如何呢？血管爆筋的雙腿是我的「年輪」。昨天還沒有的皺紋也長出來了，肚子好像也更凸了。為什麼我的腿會那樣腫呢？今天真的不應該穿裙子。

我給予他人暖男、暖女的高評價，為什麼對自己非要這樣舉劍對決呢？再這樣下去，我就會用鋒利的劍狠狠地刺向自己。對自己寬容大度的身體樂觀主義如今成為社會新趨勢，且佔有一席之地。讓我們學習愛惜自己身體的每一處，但要怎樣做呢？最簡單的方法就是稱讚自己。這個方法不需要花金錢，也不費力氣，也不需要犧牲某人，更不需要舉起手指頭對準他人。

我每天都會對支撐我一整天的身體各處感謝一番。在使用洗髮精之前，我會先用梳子把頭髮往後梳，再往後前梳來進行頭皮按摩。這時侯，我一定會對費心費力為了我運作一整天的頭說：「頭呀，謝謝你的努力。」我自己會聽到，我的頭也會聽到，大地會聽到，上天也會聽到，整個宇宙都會聽到。在臉部塗上乳霜時，我會說：「我的眼睛，謝謝你。」因為它今天也讓我看到許多美好的事物。接著，我還會對努力不說壞話，只說好話的嘴巴說：「我的嘴巴，謝謝你。」試試看培養這種習慣吧，最後，用身體乳霜按摩手和腿時，我還會說：「辛苦一整天的我的手和腿，謝謝你們為我賣力工作。」

我認識的某位中小企業的女性CEO擁有讓奄奄一息的花草起死回生的奇蹟之手。據說，快掉凋零的花草送到她家之後，只要她稍微「吹口氣」那些花草就會奇蹟般地活下來。詢問祕訣之後，她說她只是給花草澆上適當的水和給於適當的營份，然後真心誠意地跟它們說好話而已，並沒有其他祕訣。

「我會對花草說好話。輕聲細語地說它們很漂亮，撫摸著它們說謝謝它們長得很好，真心地說希望它們可以一起長長久久幸福地活下去。雖然這種愛的表達對象是植物，但我的耳朵也在聽，也可以說是我為了自己說的話。」

她說一開始她只在客廳角落擺放了六、七個盆栽，搬到陽台後慢慢地已經變成了小植物園了。

釜山大學的醫學專業研究院的人文社會醫學系的金勝守教授團隊證實，真心地對植物說樂觀的話，跟漫不經心的話相比，促進植物成長的效果非常大。這個發表還一度成為熱門話題。把常見的雜草「阿拉伯草」分成兩組，分別每天兩次各說十遍正面和負面的話。九天之後，聽到發自內心的正面話語的阿拉伯草的重量比另一組重，莖和根也更加強壯。

連植物聽到稱讚之後都會給予正面的反應，更不用說每天為了主人勞累的身體各部位了。根據順序稱讚自己的眼睛、鼻子、嘴巴、耳朵、手、腳吧，反正也只有自己聽得到。

因此，不需要害羞，真心地說謝謝、說希望身體更加努力、說自己相信它們。試著做做看，如何呢？這個才是真正的身體樂觀主義者吧？

#人的言行舉止對得起自己的臉

不投資名牌，而要投資自己

我二十幾歲的時候，特別迷戀名牌包。因為沒有能力可以買新品，所以就在中古網站上努力地翻找。不管找了幾個月，我想要買的那一款名牌包都是斷貨狀態。

一看到罕見的「斷貨」字眼的瞬間，想要擁有的心就像雪球那樣越滾越大。到底是多受歡迎才會賣到一個不剩呢？最後，我持續存了好幾個月的薪水才買到一個名牌包。

生平第一次背名牌包，我覺得自己變得更有有魅力了，身邊的人看我的眼光也好像變得不一樣了。但這種幸福的錯覺大概只有一周吧。某一天，我背著這個名牌包從擠滿人的捷運車廂走出來時，雙腿已經發軟無力時，突然發現包包旁邊好像被割了一刀。原來我剛剛遇到了小偷。當天我哭哭啼啼地回到家後，飯也沒吃就這樣熬了一夜。後來我雖然有去店家修理這個名牌包，但已經留下痕跡的包包就連去社區超商也不想背出去。最後，這個名牌包在衣櫃內躺了好幾個月後，就送給妹妹了。

那時候，我徹底領悟了。不管多麼昂貴的名牌只要壞掉一次，就不可能再用，被劃了一刀的名牌包就算用來買菜也不行，結論就是剩下的只有自己的身體。於是，我下定決心：「不是使用名牌，而是讓自己變成名牌。」我的身體不可能被誰偷走，也不可能壞掉。如果我要花錢的話，那把錢花在自己身上應該是明智的選擇吧？

某一天，一位關係不錯的後輩問我意見。她喜歡上相親時遇到的一位男性，想知道要怎樣做才能讓那位男性對自己產生興趣。

「妳試著提高自己的水準到滿意的程度吧，對方的想法一點也不重要。」

我建議後輩要積極地投資自己。結果，那位相親認識的男性對後輩並不感興趣，最後兩人的關係就不了了之了。

後輩把這件事情當成一個轉折點，開始對自己導入自身名牌化的一連串計畫。她不再關注名牌包和名牌鞋子，而是開始把注意力放在自己身上。後輩原本就長得很高，她丟掉根本不需要穿的高跟鞋，改成平底鞋，同時也開始進行青春痘治療。加入讀書會，一週閱讀兩本新出刊的書籍。週末的話，會去參觀展覽會。一有空就去學習體育舞蹈，徹底撕掉舞盲這個標籤。

就這樣過了幾個月。後輩完全擺脫過去那個只看時尚雜誌，不停買名牌包的自己，如今她已經搖身變成自己夢想中的理想樣子。因為她內在的東西變多了，所以無論跟誰見面總是自信滿滿。周圍的熟人們看到她變得越好越棒之後，也開始幫她介紹符合她水準的男性。當我們把自己變成名牌，會遇到的男性水平也更上一層。投資自己之後，我們遇到人生伴侶的範圍也越來越廣。就像電視劇中會偶然遇到優質男性。

會愛上在森林中沉睡的公主的王子再也不會存在了。千禧世代的王子們討厭那個沒什麼大腦，會直接吃陌生老奶奶給的蘋果的笨蛋公主。千禧世代的公主則是如果有遇到王子很好，但沒有遇到也不會感到遺憾。

對自己的投資價值最高

我這樣說的話，可能會有人舉牌抗議說這是把人商品化。可是努力投資自己，把自己變成名牌，其實都是為了自己。會主動發展自己外在和內在的人，他們的人生比不這樣做的人更幸福是無庸置疑的。

投資在自己身上的報酬率是最高的。股票或不動產等投資都有變動性和危險性，但投資在自己身上的東西絕對不會消失，且終生受用，更重要的是還保障收益率。要記住一點的是越投資自己，自卑感、嫉妒心、猜忌心等都會慢慢消失。因為你會把注意力放在自己重生後自己優秀的模樣，根本沒有時間去在意他人。反而為了自己的成長，會真心地替他人的成就感到開心，彼此求同存進，共同發展。

但是許多人完全誤會投資自己的意思。就像以前的我錯誤地認為買名牌包或可以穿出來炫耀給他人看的衣服、配件就是對自己真正的投資。

那些人應該是遇到下雨天時，會把無法計價的自己當成冒牌貨拋在腦後，而把那個價值幾百萬名牌包抱在胸前拼命跑吧？

包包、手錶或配件等有可能馬上壞掉或被偷，但我們的身體和精神會留下來。因此，通過買名牌來提升自己外在價值這件事情等自己內在能力確實提升之後再來買也不遲。這也就是在買名牌之前先把自己變成名牌的原因。

#不需要靠山，我就是名牌

無論對誰來說，我都是閃閃發亮的年輕人

在網路書店的搜尋欄內輸入「四十歲」這個單詞的話，就會發現光國內書籍類中就足足有三萬多本，範圍則從自我開發類到小說類應有盡有。由此可以反推出有多少人正在苦惱著「四十歲之痛」。當年三十九歲的我，面臨即將到來的四十歲也是如此。雖然說如今是可以活到一百歲的時代，四十歲根本還不到人生一半，但這個說法我完全聽不進去。我從二十幾歲開始管理健康，認真地為四十歲的到來做準備，但四十歲這個標籤一貼到身上的瞬間，我體內所有女性美好像全部消失了，這種喪失感深深刺痛我的心。說不定之後我就會被稱為「中年人」。那些幼稚的行為或錯誤再也不會被寬恕。原本一輩子都要當一個活潑可愛

女性的願望也必須要留在記憶中，一想到這些就格外傷心。

另一方面，對於自己之前因為在意他人的看法而從來沒有好好享受過燦爛青春感到懊惱。當入社時，我正處於耀眼奪目的年輕歲月，但因為擔心自己看不來不像記者，所以特意掩蓋了女性美，盡可能不穿連身裙或裙子，總是用盡各種方法努力把自己包裝成女強人，假裝很厲害或什麼都懂。除此之外，也非常努力工作，常常忙到無法放假，甚至自動放棄年假的程度。真的越想越鬱悶。

就這樣，連續好幾個月我都完全陷入怨恨和憤怒的情緒中。後來某天晚上，輾轉難眠之後，我半夜起床醒來，在廁所內的鏡子看到自己的臉。我看到一張非常陌生的臉。那個每天都過得充實，絲毫不浪費一分一秒的我不知道跑去哪裡了，鏡子中的女人好像正在極度擔憂未來尚未發生的事情，用一雙恍恍惚惚的眼睛正視著我。我好像被潑了一身冷水，突然清醒過來，想起了二十年前外婆和媽媽談過的話。

當時我媽媽五十多歲，外婆快八十歲。媽媽說年齡大了之後，全身酸痛很痛苦。當時，外婆這樣回答：

「我是妳這個年齡時，沒有事情是做不了的。兩條腿可以繞地球走十圈。」

我也想起那時還年輕的自己聽到外婆的話後領悟出來的道理。「五十歲、六十歲，還是七十歲，無論是幾歲，都要過得令人羨慕。就算只有兩、三歲也是令人羨慕的。在死亡來臨之前，我們一直都是活在令人羨慕的年齡。」

那時候外婆羨慕五十歲的媽媽，現在我的年齡比當年的媽媽足足年輕了十歲，可是我卻在內心上演沒有觀眾的獨角戲自怨自哀自憐。

幸福不是由他人給予

是的。不管現在的我是幾歲，這一瞬間是我這一生中最年輕最美麗的時候。哲學家金亨錫是延世大學的名譽教授，他在二〇一九年迎來了一百歲。在某次廣播節目上，他說：「從我過去所有歲月來看，九十八歲是我最有成就的時候。」因為金亨錫在九十八歲那年寫了兩本書，還進行了一百六十多場演講。那一年藉由寫作專心觀察自身內在，而經由演講，則讓他人的人生變得更豐富。

金亨錫發現隨著年齡的增長，幸福不是由他人給予，而是由自己創造。他是這樣說的：「幸福來自人格。所謂的人格就是誠實地面對自己，對並他人付出愛。」

三十九歲如同殘酷的冬風猛烈地摧殘著身體，就這樣不知不覺中來到了四十多歲。現在的我對於這位老學者樸實的感悟深有同感。我剛滿四十歲的時候，雖然暫時感到徬徨，但過去每一天都過得很充實。

幸運的是隨著年齡增長，我更加能夠把注意力放在自己身上，與他人的生活也更能感到滿足感。二十多歲或三十多歲無法擁有的寬廣視角和深度體會讓我更愛自己，也能夠更愛他人。

如今，我已經完全沒有想緊緊抓住三十九歲尾巴的想法了，甚至即使現在有機會可以重返二十歲，我也會斷然拒絕。有些人生的意義如果沒有像這樣經歷大大小小的曲折後，到了四十歲也不可能知道。這種體驗一次就足夠了。

現在的我應該是全心全意地接受自己和愛自己吧？某位認識許久的友人跟我說，比起二十歲的我和三十歲的我，正處於四十歲的我看起來更有魅力更健康。

重要的是今天是我一生中最年輕的一天，總是被他人羨慕著的我要完整地享受這一天。我要盡全力去做我可以做到的事情和想做到事情。我是這個世界最重要的人，我要用愛自己的心情盡情地投資自己。在死亡來臨之前，維持永遠年輕的方法只有一個，那就是全心全意地愛今天的自己。

#享受今生最年輕的今天

比誰都更嚴格執行自我管理

至今，我所有投資中最自豪的最佳收益投資之一不是剛出社會時的人脈，而是皮膚。因為我的肌膚天生油性，所以從國中開始就滿臉油光。大學的時候，原本紅通通的臉因為毛細孔粗大，還被男朋友取了一個「草莓」的暱稱。

當同齡朋友因為擁有光滑亮麗的嬰兒膚而盡情享受青春時，我已經開始用厚重的妝容小心翼翼地遮住青春痘。每次約會之前，都會像事前踩點那樣嚴謹地挑選見面場所，這一切都是為了找到合適的燈光照明，好讓對方看不出自己的粗糙肌膚。那時候打工賺來的錢必須用在繳學費和零用錢，根本不可能想到做皮膚管理。

我進入報社開始賺錢之後，才有點餘力可以投資自己。於是為了解決跟隨我十多年的春痘，我找到一家半夜就要去排隊的韓醫院進行針灸，也找過據說很厲害的護膚中心去擠青春痘，但依然很難改善肌膚。不過，就在我快滿三十歲之前，通過某位前輩的介紹，有生以來第一次成功解決了肌膚問題。在服用藥方和抗痘療程雙管齊下，一個月半之後，被青春痘覆蓋的臉總算開始慢慢露出原本的樣貌。因為青春痘太多原本看不清楚的眼睛、鼻子、嘴巴的輪廓慢慢出現了，還附加了童顏的效果。因為外表的改變，甚至有人問我是不是去做了整形手術。原本我總是要用眼鏡遮一下臉，週末出門也會戴帽子，聽到他人這樣問之後，開始變得有自信了。二十多年來，我是第一次喜歡上自己的樣子。

也就是在那時候，我做了一個決定。那就是節省餐費和治裝費的開銷，一定要好好維持現在的樣子。當年我雖然是領著低薪，開銷吃緊的社會新鮮人，但相信如果能夠長久地維持「我喜歡的自己」的話，一定沒有比這個更棒的投資了。就這樣，超過十年以上，我持續地投資自己，付出了不少努力。如今，我可以堂堂正正地說。

讓站在鏡子面前的我變得美麗是培養自信心的第一步。

依然有人對於打扮自己的外貌抱持保守的看法。最近也刮起一股不要遵循單一的審美觀，要愛原本自己樣貌的身體肯定主義熱潮，但這個意思並不是不投資自己和不管理外表。

有些人認為把投資外貌的時間用來充實內在才是正確的，但其實外表和內在就像銅板的兩面。如果內在沒有任何東西的話，那外表不可能美麗，同樣的如果外表沒有魅力的話，根本沒有人想瞭解你的內在。

其實那些不想打扮外貌的人大多數是懶惰的人，也就是說他們也懶得去充實自己的內在。連看得到的外表也不管理的話，又怎麼有可能管理看不到的內在呢？

但我也不是說為了符合社會審美基準，要讓自己變得跟他人一模一樣。而是說無論在外在，還是內在，都要用珍惜自己和愛自己的心去好好管理。

我在自己眼中長得漂亮嗎？

先無論好壞，用外表評斷某人的內在是最簡單的方法。中國唐朝的科舉有四個評價人物的基準，那就是「身言書判」。其中的身體和談吐就是兩個評價外表的基準。

現代許多研究也顯示有魅力的外表對於社會生活比較有利。因為人們看到外表有魅力的人，就會自動認為那個人有能力、親切、正直和知性。只是外表有魅力，就會讓那個人顯得如此特別，這就是所謂的「光環效應」。光環效應是指當某人具有某個正面特徵時，那個人整體看起來就會與眾不同。而外表通常就是那個正面特徵。

自我開發及自我勵志演說家吉格・金克拉（Zig Ziglar）曾斷言說有必要的時候，一定要好好裝扮外表。為了塑造良好的自我形象，裝扮外表可以起到很大的作用。金克拉原本是一位廚房用品銷售員，剛開始他經歷了無數次失敗。後來他成功減肥了十七公斤，才開始具備正面樂觀的自我形象。他說那之後不管他人有沒有認同他，他總是自心滿滿。

當然不可能因為皮膚管理或減肥，就可以突然一百八十度改變人生。但有一點是確定的，那就是某個確確實實的改變會成為契機，讓自己慢慢地養成照顧自己和打扮自己的習慣。當我們意識到喜歡自己和健康是比什麼都重要的時候，就會為了不在夏日的梅雨季感冒在脖子上圍上薄薄的絲巾，或是身體突然感覺不適時，會在嚴重到臥病在床之前先去打點滴。因為知道疲累不堪的臉不可能充滿自信感，也知道不健康的身體不可能跟自己愛的家人和朋友愉快地相處。

因此，我並不會反對友人去做整形手術。這是最快和最有效地提高自信心和活力的方法，實在沒有理由反對。例如有鷹鉤鼻的人去做了鼻子手術之後，充滿自信也感覺越來越幸福，絕對沒有人會說三道四吧？又或者因為體重暴增的女性原本連跟人四目相對都會感到害怕，通過運動減肥後，性格變得活潑外向，每個人應該都會拍手鼓掌吧？我也曾經推薦韓醫整形外科給因雙下巴和法令紋而苦惱的男性後輩。他偷偷地完成手術之後，搖身一變成為了型男。因為對自己外表有了自信之後，心靈也變得健康，充滿自信和樂觀。

許多女性在單身的時候，會嚴格地自我管理，可是婚後，特別是孩子出生之後，因為忙於家庭生活，常常忽略了自己。這些女性異口同聲地說：「反正也沒有什麼地方可以去，也沒有要打扮給什麼人看。」因此，她們完全失去了提升自己的動力。可是，自己好好打扮之後，最需要看的人是自己。

大家應該有過類似的經驗，雖然他人沒注意到，但如果自己不喜歡今天鏡中自己的穿著、頭髮或臉的話，一到下班時間就會馬上飛奔回家。特別是女性，只要稍微改變一下髮型或化妝，就會產生自信心，對自己產生正面想法。

如果你現在對自己沒有自信心，對任何事情也提不起勁，那就馬上改變看得到的外貌。這樣做的目的是為了更珍惜自己和更愛自己。難道可以通過百日冥想或他人的建言找到幸福和自信嗎？只有自己眼中的自己看起來很棒，越來越覺得滿足時，許多事情才會隨之改變。這是我拼命做自我管理的真正原因。

#我是為了看起來很棒才做自我管理

偶爾也需要屬於自己的洞穴

約翰・葛瑞博士（John Gray）在《男人來自火星，女人來自金星》中提到當男人遇到問題時，就會進入洞穴中直到找到解決方案才會出來。萬一女人想要找到男人也想進入洞穴的話，那就會被守護洞穴的龍吐出來的火焰燒死。

我十分認同女性與男性特徵上的不同，但並不只有男性才需要進入洞穴。不管有沒有遇到需要解決的問題，不管是誰都需要一個屬於自己的洞穴。就像通過排毒減肥法把自己體內的毒素和廢物排出體內，在自己的洞穴內可以清空雜亂無章的腦袋，重新整頓心靈。雖然每一天都盡全力努力，但毫無計畫地亂衝亂跑地話，就會發現自己不知不覺中漂浮在沒有目的也沒有方法的茫茫大海上。

因此，我常常建議後輩們要擁有「無我的時間」，準備一個屬於自己的洞穴。在那個地方可以關閉連接外部世界和內心世界的開關，把所有的事情都放下。只要可以把自己完全隔離家人和所有自己認識的人，且感覺到自由的話，無論是在哪裡都可以。

我經常去的洞穴是美容皮膚科。我從學生時代開始到二十歲後半，長達十五年間跟青春痘鬥爭。我第一次去皮膚科是為了治療青春痘，現在的我雖然已經跟青春痘分手了，但每個月還是作為送給自己的禮物去皮膚科稍微休息放鬆一下。即使是在家裡，因為跟家人同住的關係，也不可能擁有完全獨自一個人的時間。可是躺在皮膚科床上時，短短的一到兩個小時就可以讓我的身體和心靈快速恢復到健康狀態。在這短短的時間內，彷彿長達十小時，我陷入了深層睡眠。有時候也會跟素不相識的管理師說些傷心事，連心靈也得到慰藉。

我也曾上過芭蕾課。表面上是說為了管理身材，但其實是因為當時精神上的疲勞到達了極限。那時候工作和私人生活同時發生了問題，讓我忍不住常常嘆氣。即然都要找尋洞穴了，加上想要脫胎換骨的好勝心作祟，就開始學習那個很難的芭蕾，沒想到效果驚人。剛開始的時候滿腦子思緒混亂，所以總是錯過拍子。後來，為了不妨礙其他學員開始認真地跟著做動作，慢慢地那些想法也無法跑進來。最後我不僅沒有陷入憂鬱的情緒，甚至連開始學習芭蕾的動機也忘記了。越是集中注意力去學，就會產生想要學得更好的慾望，也開始具體描繪掌握平衡感之後自己的理想樣子。過去因為日常生活的壓迫感和單靠自己無法解決的問題壓垮了的身心在不知不覺中恢復到比之前更好的狀態。

從歷史上來看，我們可以知道許多偉人和天才們早就知道洞穴的重要性。哲學家伊曼努爾・康德（Immanuel Kant）每天都很享受固定的散步時光；世紀天才阿爾伯特・愛因斯坦（Albert Einstein）花在小提琴演奏和遊艇旅行的時間不亞於坐在書桌前的時間。仔細觀察之後會發現他們留下的許多偉大發明都是在與他們專業領域沒有絲毫關係的休閒時光中發現的。古希臘數學家阿基米德（Archimedes）高聲吶喊「找到了」，常常是他暫時放下艱難的研究，在浴缸中讓腦袋稍微放鬆的時候。

偶爾要果斷地暫停

問題是要找到屬於自己的洞穴並沒有想像中那樣容易。某位精神病學者說現代人雖然總是渴望「什麼都不用做」，但同時很矛盾的是真的什麼都不用做的瞬間到來之後，就會開始感到不安和擔心。因為即使無法跑得比他人快，也不想太過落後。可是就像吃飯之後需要時間消化那樣，腦袋也需要休息的時間。腦部專家們說人的頭腦在沒有外部刺激的時候，就會消除緊張，享受冥想時或進入睡眠等休息狀態時，腦中的資訊就會進行整理並轉化成自己的東西。

放下手邊工作，暫時進入洞穴的時候，我們才能真的體會過去自己遇到的那些事情所具備的意義，以及確認自己是否正在往正確的方向前進。

這樣做的話，「我果然是天才！」平日怎樣想也想不出來的天才般想法才會突然一閃而出。因此，果斷地暫停試試看，如何呢？

訂下週期性進入洞穴的時間，並確實執行是有其必要性的。不去想是否會有所收穫。只要那個地方有趣和舒適就足夠了。如果喜歡一個人看電影，那居家附近的電影院就可以成為隱深處。想要一個人靜一靜也可以直接關掉手機，那自己的房間也可以成為慰藉心靈的場所。吃過早餐之後，也可以尋找拳擊、劍道、瑜伽等對健康有益的一石二鳥的洞穴。

千萬不要說要做的事情堆積成山，根本沒有那個時間。其實我們要做的事情中有許多事情並非只有自己能做，或即使沒有做也不會怎樣。反而是享受發呆放空的自由時，能做出更棒的成果。只要有過這樣的經驗，就能夠體會這個好處。

最近，我在工作室學習皮革工藝。國小畢業之後，我就再也沒有享受通過自己的雙手直接做出什麼的樂趣。但就在不久前我親手做了一個名片夾送給朋友。之後我也會繼續尋找這種有趣愉快的洞穴，因為我打算讓自己的心靈盡情享受發呆的樂趣和什麼都不用做也沒關係的權利。當然這一切都是為了重要的自己。

#什麼都不用做也沒關係的權利

第六章

「需要可以信賴、可以說出内心話的前輩」

——「沈前輩」的職場生活Q&A

如果有人毫無緣由就討厭我和嫉妒我，要怎樣辦呢？
其實，沒有跟這種人和平相處的方法，
只能提升自己的能力，到達對方無法跟上來的層級。
當我們的世界或職等是對方完全不可能抵達，
而對方依然到處說自己壞話時，
在他人眼中看來就「只是嫉妒而已」。
持續提升自己的工作能力、性格、外表等所有面向，
可以使對方跟自己處於完全不能相提並論的層級。
這個時候，無論對方再怎麼誹謗，也不過是個嫉妒之人，
光是想到這點，就覺得痛快無比。

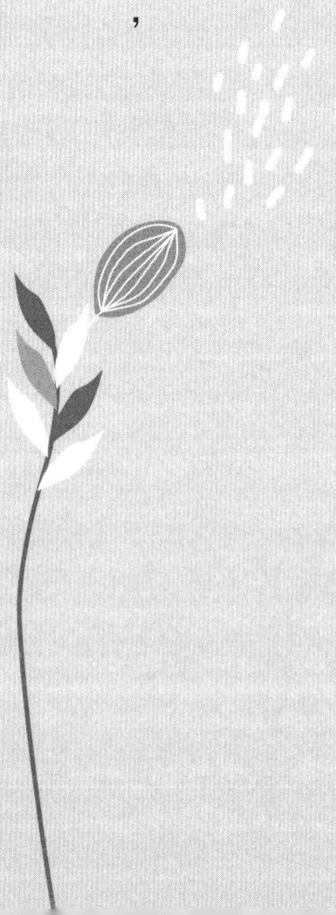

Q.

公司內部的派系狀況很嚴重，但是在職場上很難直接對同事表現拒絕，所以不同派系的同事跟我訴說時我都會聆聽。結果沒想到竟遭冠上「雙面討好」、「蝙蝠」等罵名，該如何在這樣的職場走下去呢？

A.

二十歲出頭的C在大學畢業後進入了夢寐以求的國際化妝品公司，得知錄取的當下她真的非常開心。C從小就是喜歡化妝，甚至曾在家中自製化妝品。就讀大學時，C因為化妝技巧高超，朋友們都推薦她成為當化妝師，而她的夢想便是進入當時已成美妝強國的韓國國際公司上班，然後外派到人人稱羨的美妝聖地歐洲分公司，就是她的最終目標。畢業於好大學的C，不僅對自己選擇的產業相當熟悉，對工作的熱情也是無庸置疑。

然而，職場生活並不是工作能力強一定就能過得順利。我們收到的薪水當中，某部分也包含了在職場人際關係出現問題、又不得不拼命地在公司內生存下來的精神補貼（？）。作為社會新鮮人的C完全不知道職場的苦處，加上化妝品公司內大部分職員是女性，為了好好融入環境，C不論何時都會認真傾聽前輩們說的話，並設身處地站在對的方立場表達意見。有一次同部門的前輩A和B產生了矛盾，兩位前輩都分別找C傾吐立場，並問C是否認同。C無法拒絕A和B兩位前輩，只好都表示認同。然而A和B就這樣各自認為C是站在自己這一邊的「夥伴」。

或許有人會說這也太幼稚了，職場上哪來的夥伴。但最後C還是被強制表態到底是站在A還是B的一邊。C在A和B之間來來回回，一下子站在這邊，一下子又站在那邊，結果就被認為是兩面討好的「蝙蝠」角色。其實C只是不想跟任何人結怨，所以就自己認同的部分表示贊成而已，沒想到在這邊點頭，在那邊也點頭的行為，在職場上會被認為是沒有操守的人。

我也遇過類似的事情，當時我也是二十出頭，進入公司約兩年。當時報社內部正在舉辦編輯部長直選，當時我還是沒選邊站的菜鳥記者，也許就是如此，被列入了容易被收買的對象。那時候一共有三位編輯局長候選人，支持他們的三位年資約十年的前輩到處請大家吃飯、喝咖啡，並說明自己為何支持那些候選人。我當時因為太菜，沒有判斷能力，在聽他們說的時候不停點頭認同。當時我其實只是真心地聽前輩們說明他們選擇哪位候選人的理由，並表示「認同」而已。這是事情的全部，也是問題所在。因為前輩們看到我的點頭認同就認為我是站在他們那一邊，但我只是認為好好聽前輩說話是作為後輩的義務。

雖說如何解讀都是個人意志，然而當時三位候選人卻都相信我會將票投給他們自己。但其實我連投給誰都想不起來，更何況，剛進公司兩年的我根本不可能知道編輯部需要怎樣的編輯部長。不清楚候選人的人品和實力，可以做出判斷的依據實在太少了，而當時的我對選舉也毫無興趣。可是在選後，不知道他人如何得知我將票投給了誰，竟引來了許多嚴厲指責。當然我也被罵做兩面討好的「蝙蝠」。

其實出來工作，難免會碰上派系問題嚴重的公司。當事人只是出於無法拒絕的狀況，所以這邊也聽，那邊也聽而已，但就會被罵得很難聽。可是又不可能真的什麼都不關心，像活在無人島一般完全不跟外界溝通。

我常常想，如果可以重新回到那時，自己會採取怎樣的行動呢？首先，我不會再輕易地選邊站。所謂派系，不僅需要隨聲附和，還會要你積極表示認同。因此，絕對不能流露讓對方認為自己認同的錯覺。因為在希望得到認同時，無論是多麼微小的信號都被正面解讀。

碰到這種狀況時，可以用「我現在有主管交代的事情要處理」或「幾分鐘後我跟客戶約好要通電話」這類藉口逃離現場；如果實在無法躲避，也可以只是安靜聽聽就好。

碰上對方尋求認同時，則可裝糊塗說「我什麼都不懂」，這樣反而不會遭到誤會。如果此時認真地說「我不知道」，可能會馬上被反駁或討厭，因此只要天真地微笑就好，裝成真的什麼都不知道的傻瓜是最安全的。

即使遭到質問「你到底是站在哪一邊？」或「實在不知道你是怎樣想的」也沒關係，這些話聽聽就好。或許當下會手腳不停顫抖，完全不知道該怎辦，但是時間過了之後就會發現像是瑞士這樣的中立國，或介於黑白之間的灰色地帶才是最安全的地方。在A和B中，如果我選擇了A，就會變B的敵人；如果同時聽A

和B的話並表示認同，那就是同時成為A和B的敵人。為了不要成為他人的敵人或夥伴，都不介入才是最好的。

不要代替別人發表立場，也不要參與爭吵，更不要站在第三者的立場評價或提出忠告，獨善其身才是最好的做法。

Q.

前輩或同期有時會對我提出忠告，聽起來好像都是為了我好，但是事後回想時，心裡其實相當不舒服。他們真的是為了我好才這樣說嗎？我常常會懷疑他們的用意，但又不想因此破壞關係，到底該怎麼做才能消除內心的不快呢？

A.

公司職員P代理跟前輩R課長談話後，常常感覺很悶。可是明明對話內容明明都是R為了P好才說的勸阻。有一次P代理去日本出差時，下狠心買了一支七十萬韓幣的太陽眼鏡。

R課長知道之後，就對他說：

「太陽眼鏡的鏡片是黃色系，容易影響視力。推薦你買這個的人真不像話。」

由於R課長的發言是出於擔心P代理的視力，P代裡也放在心上。這副太陽眼鏡花了不少錢，因此P代理甚至開始考慮要不要再去一次日本換貨。苦惱之後，P代理決定先去眼鏡專賣店諮詢鏡片顏色是否會引起視力問題，諮詢結果是這種黃色鏡片其實屬於棕色系列，所以不會影響視力，R課長讓P代裡苦惱許久的建言，實屬誤會一場。

另有一次，P代理因為瀏海太長，就剪了一個完全不同的新髮型。這時候出身設計系的R課長又開始提出「建議」：「我有說過曾經打算成為形象設計師吧，其實你有瀏海的時候比較好，現在看起來顯老。」雖然R課長認為自己是好心，然而聽了實在開心不起來。

在其他媒體業上班的後輩A也因為同部門的B前輩常常干涉自己的大小私事並提出建言而感到痛苦，所以來找我訴苦。

B前輩應該是真的為了自己著想才提出建言，可是偶爾會不小心地侵犯到私生活的領域。現在雖然已經有「職場霸凌防治法」，但像這種處於模糊地帶的事例比比皆是。如果拿出法規解決，就可能搞得很難看，後輩A也很擔心會不小心發展成難以收拾的局面。況且其實這些並不是嚴重的霸凌，只是讓人感到煩躁的瑣事而已。

有些人會對他人行為或私生活提出沒有幫助的建議，這種人說穿了，其實是希望對方的行事可以符合自己的判斷基準。甚至當我們提出反對意見時，對方就會試圖操控我們：「嘖嘖嘖，好愚昧的人，那樣做是不行的，一定要這樣做。」我第一次遇到這種人時，也以為他們真的很關心自己。為了維持人際關係，在對方面前就會點頭假裝認同地說：「您所言甚是。」

然而，這種關係一旦持續下去，接受建言的一方再也不認為對方的建言是有用的建議，而更不可能維持真心來往的關係。這是因為，此時雙方已經話說不到一塊，完全無法心意相同。

面對這種人時如果當面說破，會使關係惡化或決裂。或許有人會說，就算只是一秒，我的時間那麼珍貴，有必要跟這種以自己的標準對他人指指點點的人維持友好關係嗎？

然而即使如此，跟這種人變成敵對關係也沒有任何好處。只要遠離他們就好，慢慢冷卻彼此的關係，不需要真的做到斷絕關係，而是逐漸稀釋、減緩彼此關係的密度就好。雖然一開始會覺得不捨，不過如此一來，對方對自己的關心程度也會慢慢冷卻。

最後有一天，當對方問：「最近看起來很忙喔？」你也可以笑著說：「完全忙到不行。」然後自然地結束對話。

疏遠關係並不容易。不過只要稍微思考一下，就能分辨究竟是不是真心為了自己提出的建言。真正為了自己好的人，會把寶貴時間用在重要的人身上。

Q.

我無論何時都自尊心很低。所謂的自尊心應該是從小培養出來的吧。每次看到陽光開朗長大的朋友，我都會埋怨自己的父母，看來只能放棄成為開朗的人了。

A.

四十歲的職場女性S特別愛炫耀「認識的人」。S的母親是教授，所以家裡充滿書香味，父親是警局幹部，所以直接見識過權利的力量。在這種環境下長大的S只要一開口就是在炫耀人脈。甚至她也會提到自己的姑媽們家裡相當有錢，都住在江南的商住混合大樓，而姨媽們全家都是醫生，屬於菁英家庭等。朋友們也都很厲害，她的某位朋友是首爾大學的教授，而另外一位朋友是有名的檢察官。在S這樣毫無止境地炫耀之後，不知道是不是覺得自己沒有什麼可炫耀，她最後總是會說：「每個人都很厲害，只有我這樣而已。」我剛開始覺得她很奇怪。因為談話內容中有八成都是在炫耀認識的人，我覺得根本就是在浪費時間。後來，突然有一天她說：「我可能因為自尊心太低了，才會常常提到身邊過得很好的人，希望以這種方式得到慰藉吧。」

後來才知道S在讀國中的時候，父母就離婚了，她跟母親還有妹妹一起生活。可能因為沒有父親在場的關係，S的媽媽對任何事情都過分嚴格。S無論何時都被迫要扮演好長女的角色，如果沒有符合母親的要求，就會受到處罰。S說：「因為從小沒有得到父母太多愛的關係，我的自尊心非常低。我是因為過去的環境才會變成這樣的，所以我無法原諒我的父母。像妳這種在充滿愛的家庭長大的人根本不知道自己自尊心強也有能力都是因為遇到了好父母。每次看到陽光開朗地長大的朋友，我都會很羨慕。即使我現在已經四十歲了，還是覺得自己很渺小。」

許多人跟S一樣認為自尊心是父母培養出來的。如果真的是這樣的話，那些從小充分得到父母的愛而長大的人全部都自尊心強，精神狀態健康，對自己超有自信，會把注意力放在自己身上，不會嫉妒他人嗎？

所謂的自尊心跟其他情緒一樣會上下起伏，具備浮動性和變化性。不一樣的地方是自尊心是屬於感性的領域，同時也屬於理性的領域。因此，自尊心可能因為外部因素受到傷害，也可以通過理性地武裝讓自己對外界的評價反應不那樣敏感。精神科專家寫過《自尊心課題》這本書，可見自尊心是到死之前都要不停訓練。這本書有提出五個提高自尊心的執行方案。分別是決定盲目地愛自己、真的愛上自己、自己做出選擇和決定、活在當下、拋棄失敗主義往前進。

其實不需要記得這麼多，只要記住最困難，也是最重要的一點就可以：那就是好好愛出生在這個世界的自己。並不是指「感覺很不幸」或「感覺很棒」。因為一不小心如果陷入憐憫自己的情緒，就會覺得自己是這個世界上最不幸的人，或是過分愛自己的話，就會變成自戀症。

可以透過訓練來提高自尊心。要埋怨父母到何時呢？不管再怎樣埋怨，也不會發生什麼改變。

最快提高自尊心的方法就是站在鏡子前認同自己。特別是女生被稱讚長得漂亮之後，就會提高自尊心。也有人有嚴重的外貌自卑情結，這部分可以經由醫美來改善。原本因為戽斗在人前毫無自信的人在矯正之後，重新找回自信，同時再次過上正常社會生活的話，難道會有人指指點點地說「人工美」嗎？

某位後輩臉比較大，正在為法令紋憂愁。可是她上班的公司風氣保守，所以她希望可以不動聲色地去除法令紋。如果會很在意他人眼光，或害怕在臉上動刀的人，我會推薦他們去韓醫整形科。

人們從外表獲得自信後，就可以此為墊腳石，讓自己更上一層樓。如果擁有健康的自尊心，相信自己擁有被尊重的價值，那看待人生的視角也會變得更正面。如果還是學生，可以用功讀書獲得獎學金，或是積極參加社團活動當上領頭羊，都是提高自尊心的好方法。

最近認為女性沒有工作能力的偏見雖然少了許多，但是不管怎樣，比起可以大方使喚的男性來說，大眾依然用不同眼光地看待女性，所以還是存在許多貶低女性的現象。我被評價時，也常常聽到跟男性比較的評語，例如「以女性來說，你做得很好。」或「雖然是女性，但你工作的積極度連男性也比不上」，傳統觀念這個枷鎖依然套在我的脖子上。女性們即使工作表現優異，也無法受到應有的評價，更多時候是遭人貶低：「因為是女人，所以沒辦法做到。」

這個世界對於女性的過失絲毫不寬容大量。《第二性》的作者西蒙波娃（Simone de Beauvoir）說，女性從出生那一刻開始，就要跟對女性不寬容的社會眼光抗爭。如果想要從這種眼光中獲得自由，我們就必須經由工作讓自己獲得認同，進而提高自尊心。

目前在廣播業相當活躍的前記者L前輩，曾經針對自尊問題這樣評論：「要認為自己能做到這樣已經很厲害了。如果目標太高，只會讓自己過得很辛苦。最重要的是能夠原諒自己。」

L強調自己超過三十年努力，才不再因獨家報導競爭中感到壓力。記者的每一瞬間都在競爭，特別是日報記者，每天都被追問報導是不是獨家？或是有沒有漏掉新聞或拿到獨家，我認為記者應該是所有職業中壓力最大的，如果說記者們每瞬間都是正在追趕新聞也不過分。這個時候，如果陷入壓力和自卑情緒中的話，壽命一定會因此減少。記者的壽命很短的原因跟這個不無關係，所以要不降低自尊心，也不要患得患失，要盡可能對自己寬容大量。

前面提過的前輩就是努力地愛自己，他說：「不用特意把人生目標設定得太高。這樣一來，即使我漏了新聞，才不會感到過於難過。只要明天，後天能夠做出獨家報導就可以了。」而且如果能夠把注意力放在自己身上的人，也可以比較容易原諒自己。因此我們可以說，自尊心來自努力理解自己、珍惜自己，還有愛自己。

Q.

我不知道現在的工作是不是我的天職，但確實無法讓我感到心動。不想像這樣每天沒有夢想地活著，想要尋找其他路。

A.

二十年前，我為了成為記者，報考了相當困難的媒體考試，同時為了讓多益分數超過九百分，也參加了許多場多益考試。國中的時候，為了考取漢字檢定證書，不知道把千字文看了多少遍。但即使選擇了自己喜歡的職業，開始當社會版面的警察記者後，我還是碰壁了。

當時不要說回家，根本就是成天待在警察局裡。那時的警察局會幫記者準備記者室，在裡面根本無法洗澡，累了就用臭味熏天的棉被蓋著，挨著其他媒體的記者小睡。當時我的第一個苦惱是「這條路看起來不是我要走的」。這樣的生活過了幾年之後，我總算挺過來了，可是又被派去不喜歡的部門，那時候我又再次產生懷疑：「應該有我更擅長的工作呀。」我從進報社後，就常常聽聽到有人跟我說「不太像記者」，因此我每次都會想說：「我應該要在還不算太晚之前找到其他出路。」

當時為了尋找自己也安排了好幾次旅行。進公司第二年的時候，我覺得我應該當服裝設計師，所以想去美國學習時尚。進公司第四年的時候，我覺得自己應該當歌舞劇演員，還去瞭解參加歌舞劇試鏡的機會。進公司第六年的時候，我想當韓醫生，所以思考要不要重考大學。還有一次實在不想當記者了，就遞出了辭呈，後來只是獲准休假。但我也只是休息一週，又回來重新上班。進公司第八年的時候，因為當時刮起專業學院風，我也夢想成為法學院出身的律師。就這樣過了十年。如今回想，我也只是想想而已。根本沒有付出實際行動。

十年來，我不停問自己：「我應該是做什麼的人？」十年後，我的答案是：「我當了十年記者，好像也獲得不太差的評價，可能這就是我的天職。」然後，我就再也沒有回頭看，一直往前走到現在。

我們跟造物者祈禱說：「請讓我中樂透吧。」造物者回說：「你買樂透了嗎？」我就是如此，雖然一直問自己「我的天職到底是什麼」，但並沒有實際去尋找。我想十之八九是因為懶惰吧，現在我做的工作只要夠勤奮就可以養活自己，我並沒有那樣渴望挑戰新工作。

如果打破現在安穩的現狀，那我一定必須要比現在努力十倍以上。我知道自己根本不可能做到。如果真的想做，自然就會去做。因為根本沒有人會阻攔。

《我的命運由顧客決定》的做者朴宗伊強調：「不要想得太遠大，只要行動就好。」他也建議：「不是想獲得知識，而是想要獲得智慧。去體驗，你就會找到答案。」

首先把你做得好的，可以做得到的，之後要做的等都寫下來，如何呢？也是有人一直說想要嘗試社群行銷，但連社群帳號都沒有。不要想說學會了Facebook 演算法，就可以成為祖克柏，先從申請一個帳號開始吧，然後去上課，或是有時間的話聽聽他人的故事，接著寫下自己想做的事情。最後，從那些清單中選出一個來實際做看看。

Q. 原以為人際關係也是學就會了的東西，但實際在與人見面時，完全不知道該約在哪裡碰面，也不知道該如何對待對方。請問到底該怎麼開始管理人脈比較好呢？

A. 在証券公司上班滿五年的K渴望在職場上建立對自己有利的黃金人脈。K認為必須通過專家才可以學到核心方法，所以加入了可以遇到專家人士的付費網站，也積極參加「關係論壇」。他在聽演講時，就跟大學背誦英文單詞那樣，認真製作了「人脈管理」筆記並倒背如流。

週末的時候，K也會去大型書店購買人脈管理相關的書籍，並認真地畫重點「學習」。他把書中學到的方法用到前後輩關係上，但奇怪的是結果跟書上所說天差地別。他像是在自我暗示似的，這樣問我：「我進公司已經五年了，也快三十歲了。可是不管怎樣努力，好像也無法『維持』好的人脈。我開始有點著急了。如果我要在『最搶手的』三十歲初頭換公司的話，就需要可以幫助我的人脈。我想盡可能利用前輩們這些人脈換到好公司。」

許多年輕人像K那樣雖然渴望建立對自己有利的黃金人脈，但不知道怎樣打造這樣的關係網，所以通過書籍來學習。原本應該是站起來直接跟人見面和溝通，然後建立彼此信賴的關係，但卻像學生時代通過教科書和參考書籍來準備考試那樣，年輕人們把人脈當成一種知識來學習。

如果想要打造人脈，就從與自己周圍認識的人開始好好建立關係吧。根本不需要去尋找不存在的青鳥，黃金人脈也不在彩虹那一端。倒不如從常常光顧的餐廳主人開始打聲招呼、建立人脈。

二十年前，T的兒子畢業兩年後依然沒有找到工作。因此，T建議他通過爬山來好好調整心態。兒子剛開始還會發牢騷和有所抗拒，但還是有去爬山。兒子對於在山上見到的長輩們態度親切地幫忙倒水且友好地聊天。慢慢地，兒子每個週末去爬山，也會跟在山上遇到長輩講自己現在的處境和未來的夢想。就這樣有位長輩特別注意到這個兒子，最後建議他進入某公司。因為他自己的兒子是這間公司的ＣＥＯ。

不需要強迫自己去聽演講會或加入付費的會員制俱樂部，自然地抓住自己周圍的見面機會更為現實。因為閃亮亮的寶石不在外面，是在自己內在。如果是有目的的見面，說不定會讓原本已經靠近的青鳥飛走。所謂的人脈絕對不是多認識一位很厲害的人物，然後在我需要的時候可以使用的「人脈清單」。如果我把大家分成「對我有用的人」和「對我沒有用的人」，那留在自己身邊的人絕對沒有一個人是真誠的。

如果一開始就先判斷壞的人脈或好的人脈後才去見面，不僅會讓自己社會經驗過少，導致更難找出好的人脈，也會給人留下不想好好工作，「有目的性交際」的形象。

那要怎樣找到並抓著好的人脈呢？只要「真心誠意地」建立人際關係就可以。首先不要抱持目的和期待。沒有任何算計，只要有禮貌有品德地共同渡過時光，這樣慢慢累積出來的信賴、回憶、歷史都是無法被代替的。因此，人脈是需要時間的。「我跟你認識了十年了。」這句話同時也在告訴你：「我們共同經歷了大大小小的事件。」

大家一起相處三年、五年、十年，累積了許多回憶和深厚的信賴，平時在各自領域上發展，有時候也會成為合夥人。我還是菜鳥記者時遇到的副理、經理在二十年後的今天變成了大企業的部長、理事、常務，當時一起喝酒的部長甚至成為企業的ＣＥＯ。我這樣問過某位擁有黃金人脈的前輩，他熟知的友人當中，現在很厲害的ＣＥＯ或長官們是從何時開始認識的。前輩說這些人都是自己年輕時認識的，當時大家都只是經理、事務官、書記官等中堅而已，隨著年資增加，也慢慢爬上了重要的位置。原來跟自己真心來往的友人們在自己成長過程中，在關鍵時刻扮演了重要角色。

同時，避開惡緣也是很重要的。要幫助他人成長是很難的，但是阻礙他人成長卻很容易。可以把沒有樹敵看成是職場生活能夠順利的原因。

避開惡緣不樹立敵人是很重要的。那要怎樣區分惡緣呢？只要相信自己就可以。如果覺得莫名不投緣或是感覺心情不舒服的話，那最好就要避開。相信自己的直覺，果斷地中斷來往也可以。未來還可以遇到許多人，並不需要太過迷戀現在認識的人。

還有也不要認為自己先付出了就要有所得。人生是遵循等價交換原則，若在此處沒有收穫，人生一定會從別處得到自己的回報，所以我們只要好好付出就可以。自我開發的演講者L在不久之前的企業演講上說：「我跟為人極為親切的前輩拜託了件急事，沒想到被狠狠拒絕，所以感到非常傷心。加上平時前輩跟自己很熟，所以更為難過和傷心。不過那天在車上接到電話，說患有癡呆症的母親出門後迷路了，後來在陌生人的幫助下正在搭計程車回家中。我在鬆了口氣之餘，再次領悟到人生等價交換法則的奧祕。」

不特意去計較「Give and Take」的話，反而可以過得更舒心。人的私心很容易被對方察覺的，如果抱持想要他人回報的心態的話，關係是不可能長久的，因為實在太令人感到負擔了。

人脈管理法則是真心地對待對方，像自己的事情那樣開心或難過，如果無法真心對待對方，那就是跟對方無緣。這時候也不需要太過努力。只需要跟有緣的人提高好感和共渡時光。這樣累積而來的關係才是自己真正的人脈。各自努力之後，大家都會到達某個位置。因此，要真心地替對方的成就感到開心和祝賀。我只要繼續這樣努力，和想要持續見面的人維持良好關係。幫助對方，真實地交談，在一起的時候總是很有趣、很愉快，並且笑聲不斷。就這樣，跟隨自己的心去交友並放下私心，才是經營良好又健康的人際關係的不二法門。

Q. 我下班之後，還會持續想著公司的事情。但其實並非都是工作上的事，下班後我常常因為未完成的工作，或與人之間發生的事情而感到煩躁。工作與生活的平衡，好像都是與我無關的理想人生。

A. 我們每個人都過著兩部人生。學校或職場是第一部人生，個人生活是第二部人生。我在記者室內把筆電關掉的那一瞬間起，就會把工作和公司完全忘掉。這個習慣我已經練習過無數次，只要關上第一部人生後，拿起包包要走出公司的時候，內心就已經完全轉變成第二部人生了。除了偶爾因為下班後還有要寫的報告或新聞，不然我在腦中可以完全忘記工作。好像我腦中有個開關似的，按下去之後就會進入休眠模式。如今因為公司確實實行每週五十二小時上班制，所以比起過去基本上可以準時地實行休眠模式。但即使如此，偶爾下班後還是會因為不安始終想著白天的事情。

想像一下，開關關閉之後，再打開新的開關。時間到了之後，就要完全地展開自己的日常生活。關閉開關的時候，最重要的是可以轉化到新的場面，可有時候那個場面就是不出現。絕對不能從口中說出跟第一部人生有關的單詞。如果跟朋友見面時說「我今天在公司發生了一件事。」那就是把原本應該落幕在第一部人生的電視劇拉到第二部人生繼續上演。這樣的話，因為一直提到今天欺負我的前輩或後輩的名字，讓已經結束的第一部人生繼續影響自己。如果希望公司和個人生活完全地分離，那最重要的就是不誹謗公司的人。如果讓這個影子持續折磨到自己入睡，然後隔天早上按下第一部人生開關後，又必須面對這些事情。這是相當糟糕的事情。奇怪的是負面的種子總是容易落地生根並茂密成長，而且根部又粗又大難以拔除。

許多上班族煩心的原因並不是工作量過大，而是公司內部事情或人際關係。例如老闆違法、政府新規、制度改變等都是一個公司職員無法控制的事情，但就是會因為這些事情而擔憂。

幾年前，某位跟我走得親近的受訪者上班的公司老闆被收押了，之後因為政府各種規定公司經營環境日益惡化。這位受訪者提到這事情都會邊流眼淚邊嘆惜。每次見面，我覺得受訪者因為公司的事情太過痛苦，連皺紋都變多變深了，給人的形象也變得很憂鬱。我當時心想「這件事情並不會因為自己做了什麼而改變，對公司的愛還真深。」當然老闆如果知道這位職員愛公司的心應該會很感動，但以結果來說還是不會發生任何改變。

我當然也看過許多使命感強的職員最後晉升到社長職位，所以我知道把自己想成是公司主人這件事情很重要。但我想說的是要牢記擔憂公司，或是把公司面臨的複雜環境或不利因素當成自己的事情憂心如焚也不會起到什麼作用。下班後，離開公司的那一瞬間就要放下對公司內外的擔憂，還有也要忘記公司的同事們。即使只有一下下也好。這樣一來，隔天早上才有精力投入工作，才可以專注過第一部人生並做出成果。

如果下班後，依然心心念念著第一部人生的話，可以先敞開心胸，把注意力放在自己身上。觀察自己的吸氣和吐氣，是太快還是太慢，是太深還是太淺。人的心情總是會變來變去。兩個小時前很開心，突然聽到主管的指責就會變得鬱悶，但如果聽到好消息又會馬上很開心。遇到的事情不同，情緒也會不同。所有事情都是無常的。一切都會過去。我們要常常想到事情的暫時性。

如果遇到難以接受的事情，可以暫時深呼吸，然後想像靈魂脫離肉體，把那件事情當成不是自己的事情。就像電影那樣靈魂脫離肉體之後，站在空中觀看自己。然後跟自己約定這件事情會過去的，所以不需要太過擔憂。

我還有一個自創的「一週法則」。那就是公司內發生困難的事情時，會自我催眠「一週之後就會沒事」。我們是連幾天前的事情都記不住的善忘動物。因此，不管多想逃離那件事情，只要心想只需要忍耐一週就可以。這種關掉開關，只忍耐一週的練習可以幫助我們撐過艱難的工作或難搞的人際關係，讓自己展現真正的實力。

Q.

我現在工作並不是我的夢想，真心想做的是其他領域的工作，所以正在苦惱要不要轉換跑道。

A.

想要成為媒體人的學生們為了準備媒體公司的考試，會組成學習小組。我也是如此，二十年前跟想要成為記者、ＰＤ的前輩們一起學習，其中有人考一次就通過，也有許多人考了一兩年。當學習小組中有一兩個人成功被錄取後離開的話，小組成員就會改變。有趣的是這些擁有相同夢想的人無論何時都是注視著相同方向。並不是說所有準備媒體公司考試的人都是想要成為記者、ＰＤ、主播等，而是說大多數人都夢想在以媒體業為主的領域工作。

我有位朋友夢想是當主播，但大家在背後說她長相完全不適合當主播。她應該落榜上百次了吧。但幾年後，再次見到她時，她已經在做廣播主播了。沒想到她的聲音這樣好聽，真的刮目相看了。某位前輩的夢想是電視台的PD，他也是不知道落榜幾次，為此吃盡了苦頭。最後，他成為企劃公司的PD，製作電視台節目。我自己的話，從來沒想過自己擅長寫作，學生時期參加過的寫作比賽中也沒有得過獎，沒想到大學三年級的時候突然想成為記者，才開始學習媒體相關的課程。結果，畢業一年後我的夢想也成真了。

那一年我每次喝下失敗的苦酒時，父母就阻礙我繼續學習，並說：「每次都沒有被錄取，真的可以成為記者嗎？年齡也有了，再這樣下去就會錯過就業機會。還是把這個先放一邊，先找到工作比較好。」之後，我當然就是偷偷學習，繼續準備媒體公司的考試。那時候我領悟到一點，那就是只要想要達成夢想的決心夠強的話，至少可以達到八成的結果。

不過，等我真的進入媒體公司之後，又發現了一件事情。那就是媒體公司內的人並非所有人都跟我一樣通過考試後直接進來。當時我以為想要成為記者，只有一個方法，那就是參加首爾和京畿綜合日報與經濟報一年一次舉辦的媒體考試。

進入媒體公司之後，我發現自己「豁出性命」考進來的報社內有來自地方報社或季刊雜誌等出身的人，或其他工作經驗的人。特別是那些有工作經驗的人在媒體公司內可以像搭自動扶梯那樣換到自己喜歡的部門。現在也有許多記者是先進入門檻比較低的公司後，再慢慢地換到主流媒體。也有許多人因為無法馬上進入電視台，反而先成為新聞社記者之後，再進入電視台。只要擁有夢想，不管怎樣都會成真。只是路徑有點不同而已。

在大企業上班的L部長因為出生鄉下，一開始是在只有五個人的宣傳代理公司做宣傳、市場行銷等工作。因為他的性格很好，也很紳士，在同業中廣受好評，不久他就換到更大的代理公司上班。幾年之後，他又進入中小型企業的宣傳部上班，最後才換到大企業。現在所有人都認為L部長能力很強，在那個領域無人不知。可是如果L部長一開始就想要進入大企業，不知道要經歷多少難關。

亞洲具有代表性的娛樂傳媒集團的 CJ E&M 是年輕人嚮往的企業之一。Mnet、tvN、Olive 等年輕群族喜歡的頻道，擁有許多人氣內容，加上娛樂產業的特色，被社會大眾認為具有未來指標性的領域且工作氣氛自由，是跟最近趨勢結合的企業。因此，如果能夠進入 CJ E&M 就如摘下天上的星星那樣難。據說在新訓的時候，彷彿是擁有超乎想像的資歷的國際人才們的聚會。

L公司高階主管S的長女出身常春藤名校，也在居指可數的國際大企業中擔任過實習生，沒想到即使擁有如此華麗的資歷，最後還是在CJ E&M入社面試中落榜了。S實在是太好想知道原因了，就通過關係人去問：「我想知道我家女兒沒有被錄取的原因。」結果得到的答案是「您女兒雖然很優秀，但是許多人比她更優秀。」並且還說如果S長女去面試集團旗下其他公司一定會被錄取。

就像新聞社內有部門轉調，集團下的子公司們也會互相交換職員。當然不可能每次都能去喜歡的公司，但只要不放棄夢想，這個社會永遠提供前進的道路。

H剛出社會時，是在一家小型廣播企劃公司上班，之後在大企業的市場行銷上班，其工作能力在業界廣為流傳。沒想到某一天就連擁有出身常春藤名校的華麗資歷的人也無法進入的CJ E&M居然三顧茅廬來找H。H跟其他剛入社的後輩們一樣都沒有讀過常春藤或其他歐洲名校，但是通過豐富的社會經驗培養出優秀的文化企劃能力，被業界認同之後，身價自然提高，也被會大公司主動招聘。

進入CJ E&M當實習生或新入職員的社會新鮮人們誤以為自己一開始就可以

像專家那樣做出厲害的企劃。但就像為了成為頂級理髮師必須先打掃美容室地板好幾年，所有的新人們都要從掃描等雜事開始做起。據說，要成為普通PD至少需要四年時間。這是無論是去哪裡都會被捧高高的常春藤名校的高級人才難以忍受的事情。因此，在夢想實現之前，必須經歷許多失敗和拒絕。

沒有一定要走哪種路線。有時候，走直徑也不見得是好事情。沒有走直徑時，說不定可以享受周圍的風景，並且學到更多。人生並不是比誰更快到達的百米賽跑。看看森林中的樹木，也看看跑過去的兔子，路邊有花朵時，也聞一聞花香。像這樣享受著一路風景前進，突然有一天就會到達夢想的場所。

只要有心，就會美夢成真。有點繞路也沒關係。即使最後真的沒成功，至少自己嘗試過了，也會成為寶貴的經驗。

如今大企業們比起學歷，已經把業務能力列為最重要的項目，在面試時越來越常採用盲測（Blind Test），學歷和地緣反而越來越不重要。如今一人媒體公司比起電視台或主流日刊媒體更具影響力已經是眾所皆知的事情了。

寫信給嚮往的企業CEO也是自我推薦的一種方法。某個奢華品牌的CEO

這樣透露過。「我們沒有公開招募過新人。不過，請真心想跟我們公司結下因緣的人才們寄信到公司。因為有我這樣的人，請隨時跟我們聯絡。這樣一來，這些人就會積極地描述自己對我們品牌的知道多少，相關的專業又累積多少。其實要找有經驗的人，比起那些人力公司，更多情況是叫朋友們寄信過來。」

Q.

這世上只有壞人過得好吧，看到許多人明明沒什麼能力，卻過得很好。我已經開始懷疑人生，也慢慢討厭工作了。努力真的一定就有收穫嗎？

A.

在IT產業工作的S本部長，搶走下屬工作成果的本領可謂是天下第一。S是管理階層，總是擔心自己不知道何時會被公司裁員，所以找盡各種方法在公司存活下去。可以說他為了自己未來的利益，把下屬們當成「工具人」。S本部長運氣應該相當好，明明沒有能力卻可以升到那個位置，真的很神奇。S本部長沒有工作能力，也欠缺領導風度眾所皆知，唯獨他的主管不知道而已。因為S本部長在公司待得比較久，那些有能力的後輩們已經被他搞走。S本部長直屬下屬們都不知道換過幾輪了。S本部長的不正行為，自己知道，同事們知道，天知道，地知道，但他還是過得很好。

越是這種人，待人越是禮貌。因此，除非有員工下定決心去投訴，不然企業主或高階主管是不容易看出這個人有問題。這種人本身就善於說謊，所以不會輕易信任他人，更是擅長掩蓋自己的行為。

無論是哪間公司都一定會有這種人，只是程度上的差異而已。在年輕的職員們中也常常出現這類人，也有許多主管不好好工作，每天只會跟在老闆後面東晃西晃，把老闆說過的話照三餐掛在嘴巴。

不過也很奇怪，這些人職場生涯都很順遂。這些不合理的事情真的會讓人忍不住埋怨老天不公平。難道不會有因果報應和事必歸正嗎？真的會有罪與罰嗎？我至今也無法理解為何那些做盡壞事，充滿慾望，滿嘴謊言的人反而會過得很好。

雖然我無法找到答案，但是我們必須各自找出安慰心靈的東西。因此，我決定相信因果報應。雖然我們還看不到那些壞人的下場，但是我相信即使這輩子沒有報應，還有下輩子會有報應，或是那些罪惡由他的後代來承受。這樣想之後，我內心就會比較平衡。

那樣多人因為他一個人受到痛苦，過得極為辛苦，他卻獨自過得很幸福，到生命盡頭時難道不會感到無比憂鬱嗎？我相信人犯下罪後，就必須受到相對等的處罰。如果連這個都沒有的話，這個世界未免太過可悲了。我相信壞人是絕對不可以打贏平凡人的。撇開人的領域不說，因違背事必歸正而活在地獄中，相信事必歸正且內心舒坦地活在天國不是更好嗎？

Q. 在公司內部，如果想得到上司或前輩的認同該怎樣做呢？我討厭為此刻意討好拍馬屁，但依然希望他們可以看到我的表現。我想知道有沒有什麼方法，可以自然突顯出自己的優點。

A. 首先，要先觀察前輩會被哪些事情感動。前輩是喜歡誠實、工作效率快，工作能力強或是聽話的員工嗎？要先觀察對方喜歡什麼，會在哪些事情上感動。

其實，人越是往上爬，越感到寂寞越沒有地方可以依靠。位列高階的人總是因為認為沒有人站在自己同一邊而感到寂寞。這時候，即使無法成為他們的得力助手，但只要讓他們認為自己是值得信任的後輩或同事的話，他們就可能騰出自己身邊的好位置。

如果是出社會不久的話，先默默地工作，然後通過第三者讓上司聽到關於自己的好評價是最有效的方法。世界上沒有只有自己才知道的事情。你可能會認為沒有人看到，但是其實一定有人在某個地方注視著你。由第三者告知我們認真工作，人又誠實可靠的話，客觀評價會更高。

那要怎樣做才能讓第三者把我很認真工作這個事實傳達出去呢？這其實是無法拜託第三者去做的事情。因此，我們只要記住我們把該做的事情確實做好的話，稱讚自然就會流傳開來。或許需要花點時間，但是自己的誠實和工作能力一定可以傳到上司耳中。

無論是誰都不可能信任那些只做給上司看的人。因為會被懷疑是不是會突然為了其他上司而做其他事情。

我們要塑造的形象不是為了上司工作的人，而是主動工作的人。當然不只是形象而已，是真的必須那樣做才行。只有這樣做，才能夠讓自己的所有行動單純化。最重要的是給他人留下的形象不是自己為了做給上司看才工作，而是真心喜歡自己的工作，並努力工作的老實人。

在公司內一直都存在著或大或小的政治。在某位上司後面都會有一派人，順著這個人脈努力工作就可以慢慢往上發展，但如果公司組織突然發生大變動，這整派人一瞬間就會被處理掉。雖然很可惜，也很無奈，但即使是現在依然存在這種事情。

因此，答案只有一個。那就是「不要先選邊站之後再努力，而是堅定自己的立場，為了自己工作」。這樣做的話，才不會出現後遺症。正因為我對於選邊站不感興趣，所以當我有意地說出那些難為情的「拍馬屁」或「奉承」的話時，反而聽起來是真心話。

當我們要恭維前輩時，一定要真心地具體說出來。如果我們滿臉厭惡地說「部長，你好帥」的話，有誰會相信呢？如果我們完全沒有真心想要稱讚對方時，最好閉上嘴巴。

不要說那些無論是誰聽都覺得毫無誠意的話，而是要具體地把自己的感受說出來。前輩很認真聽我說明，前輩說的話相當有趣，前輩很快結束會議，前輩穿著打扮很年輕等這類具體稱讚的話語，沒有哪位前輩會不喜歡。

或許對方聽完會因此感到不好意思，並回說「你怎能完全不改變表情說出這種恭維的話？」但我相信對方其實相信這些話，也很喜歡聽。

我很擅長發現對方好的那一面。因為無論我去哪個部門，我對一起工作的人都會付出感情。只要多認真觀察對方，就能夠很快發現對方的小變化。當我們把自己的發現說出來時，對方都會很開心。因為這是平時自己有被關注的證明。具體說出髮型怎樣改變，正在承受感冒的痛苦，今天背新的包包，口紅顏色不同了等的話，比起「你變了」更受人們喜歡。

之前有一次，我同時接待好幾位上司。當時我說出這種稱讚之後，雖然有人回說：「妳眼睛眨都不眨一下，很會拍馬屁喔。」但也有其他人說：「這個年輕人將來前途無量。」

所謂的認同是建立在信任之上，並著隨著時間的累積越來越深厚。因此，要思考如何可以一起共渡更多時間的方法。只要思考在共渡時間時，自己要做什麼的話，就會找到方法。其實認同就是在一起共渡時間時，找出自己的本分，跟對方保持呼吸一致，發現彼此共同特質的話，就會得到認同。不需要拍馬屁，只要一起共渡時間的話，就會得到最基本的認同。

Q.

公司完全不了解我的能力，居然把我調去不喜歡的部門。好苦惱要不要趁這個機會離開這裡，去找新的工作。

A.

在大公司工作二十年的R高階主管，好幾次在董事晉升中落榜。我為了幫助他，只要一有機會就會在他的上司面前推舉他，在工作上也努力幫助他取得好成果。突然有一天，收到消息說R高階主管的下屬取代了他的位置，而R本人被發派到鄉下分公司。過去幾年來，我和R同甘共苦地面對許多大事件，他這樣完全不聯絡就離開的做法讓我有點感到被背叛了。因為我認為雖然被分配到鄉下，但是也是有可能再次回來，所以至少應該打聲招呼再離開。

我因他這種小小行為，隱約明白他為何每次晉升會落榜。關於這點，他的上司H是這樣說的：「R雖然被流放了，但王和政府（公司總部）還是持續觀察他。本人被貶職當然內心會鬱悶難過，但是如果他自己有覺悟就會放下抱怨，盡全力爭取回來。不要忘記王和政府始終在觀察他的一舉一動。如果他沉迷喝酒，把工作拋到腦後的話，那就永遠不可能回來了。」

這實在是太可怕的話了。如果你覺得自己明明是有能力的人，但卻得不到認同，不得不去不喜歡部門工作的話，那反而更應該賣力地工作。這樣做的話，那天傳到掌權人耳中才會如同塞翁失馬那樣，出現截然不同的局面。危機就是轉機，當王換人做，或是出現全新政府的時候，就可以重新回到王的身邊，除了職位高升，也脫胎換骨變成更強大的人。

因為聽到某人在自己看不到的地方默默努力的話，自然會產生想把那人再次召回來的想法。其實可以信任且工作能力強的「人才庫」內的人數並不多。因此，只要能夠進入那個人才庫，就可以在公司內長久生存下去。

Q.

要怎樣有效率地提高後輩的工作能力呢？不曉得該嘮叨還是鼓勵，帶人真是困難啊。

A.

糖果與鞭子是上司跟下屬共事時常常使用的單詞。想要盡可能提升後輩或部門成員等組織成員工作能力確實需要這種戰略。

最近，越是年輕的職員越不會聽從上司的命令和指示。如今即使是不適用法定週五十二小時上班的公司也慢慢地自主遵守這條規定，所以已經沒有那種看上司臉色必須晚下班的事情了。現在已經開始實行職場內的霸凌禁止法，也就是說如今時代強迫他人參加不願意參加的聚餐就會受到懲罰。還有如果不是緊急的事情，太晚傳簡訊給下屬或交代下屬辦私人事情等都被看成是違法行為。總之，現在管理下屬比服侍上司更為困難。

無論哪個組織都存在八二法則。大多數的八在少數的二的帶領下舒舒服服地生存著，但當那個團隊規模很小時，也存在八二法則來工作時，少數的二的剝奪感就會越來越大，最後導致整個團隊出現不工作的氛圍，工作成果自然就會出現下滑趨勢。

下屬們大致上分成少數很會工作的類型和多數工作能力逐漸下降的類型。如今由上往下直接下達指令的方式已經行不通了。比起劈頭蓋臉大聲訓斥的戰略，陽光戰略的效果更佳。

在某大企業子公司上班的K部長在年輕時就快速升遷，如今他的某些下屬比自己年齡大，也有剛從大學畢業的年輕下屬，可以說部門成員由各種差距跛大的年齡層組成。K會看上司臉色，為了公司的發展也心甘情願在某種程度上做出犧牲，總把要說的話深藏於心。因此，他才能順利地生存下來。只是最近K部長看到陌生的後輩模樣感到極大的挫敗感。過去即使對前輩、上司有什麼話想說也會默默地忍下來，上班就如同修行。但現在的後輩們不只是把內心話都說出來，認為自己被分配到太多工作時毫不猶豫地直接找K部長的上司面談，表明自己想要離開這個部門。因為跟下屬關係破裂的關係，K部長的上司還說「你欠缺領導才能」造成二次傷害。

K部長深思熟慮之後，打算對多數的下屬們採取不同的戰略。於是，他開始祕密地跟下屬們進行一對一面談。少數工作能力強的下屬，K部長則在不讓其他下屬知道的前提下給於各種獎勵。例如，給做出更多成果的下屬偷偷給予假期，或是收到公司或關係企業的禮物或獎品時，會跟這些下屬們分享。每次下屬做出成果的時候，K部長都會具體地給予稱讚。這些人自然會踏踏實實地幫助K部長完成工作，忠誠度也很大。

許多人是本性不壞，也有工作慾望，但就是天生沒有「工作腦」。提高這類人的工作意識是最重要的。如果有工作慾望，那就表示某種程度上也有想被認同的慾望。於是，K部長利用「信任魔法」成功地提高這群人的工作能力。

一開始先說「我相信你」，結尾要再說一次「因為我相信你」，如此一來，下屬們就會跟其他同事說：「我的上司信任我，也很喜歡我。」當我們注入信任這個想法之後，差不多所有人都會做出符合信任的行為（當然，也要排除一開始就不適合這個方法的人）。只要有了信任作為基礎，即使上司揮了大棒，也不會被下屬認為是責備或批評，反而會認為上司在幫助自己成長。K部長除了使用信任魔法，也實行了等待的美學。當他看到某些下屬無法跟上自己期待中的成長時，雖然好幾次想叫來辦公室念叨，但並沒有這樣做，而是跟下屬分享自己當年這個年齡時如何克服遭遇到的侷限或困難和成久累積而來的工作方法。最後，當然也沒有忘記跟下屬說：「總之先試試看（把工作再次丟給下屬），你背後還有我這個負責人。」這樣做可以讓後輩確實信任自己。

其實，K部長並沒有做什麼特別事情。他只是不停地說「我相信你」、「你一定做得到」、「我會在後面支持你」。不過，好聽的話說久了也會變成嘮叨，當下屬犯錯時，上司的話聽起來就很像是在嘮叨。然而上司也是沒有辦法，為了讓下屬不再犯相同錯誤，必須持續地給予指導。因此，這時候就需要製造緊張感。

給予指責時，不可以一開始就先說下屬做錯的那件事情。先稱讚下屬做得好的部分，然後最後再有點惋惜地提到犯錯的部分，跟他說「這部分」也做得好的話，那簡直就是「太完美了」（然而其實是教訓）。這樣的方式，讓被指責的下屬不覺得是被教訓，反而會不由自主地為自己「無法做到一百分」感到扼腕。

ＥＢＳ曾經以流浪漢為對象做了一個實現證明先說出肯定話語有多麼重要。某位流浪漢前面的牌子上寫「我的眼睛看不到」，另外一位流浪漢前面的牌子寫「春天來了。但是我無法看到春天。」這兩位趴著的流浪漢中哪一位會得到更多銅板呢？如同你預估的，是通過言語融化人心的那位。

Q. 我該怎樣面對有敵意的人呢?有些人即使沒什麼理由,唯獨對我特別挑剔批評。

A. 首先,要瞭解對方為何針對自己,大致可以分成兩種情況,第一種可能是對方認為自己對他而言是一種威脅,第二是他對自己產生忌妒感,最後演變成即使自己什麼也沒做,也是很令人討厭。

無論對方是上司還是後輩,如果因為跟對方無法友好相處會造成自己損失的話,那最好把自己是對方一種威脅的因素消除。通常來說,聲音比較大的人能夠抓住組織內取勝的機會。所以對方可能會散播能讓自己在對方眼前消失的言論。我們必須四處探聽,逐一找出真相。如果對方真的認為自己是威脅的存在,那最佳方法就是用謙遜態度面對他,傳達自己並不會成為威脅的信息。當然最好是讓對方願意跟自己和平相處，互相協助。因此，不要跟對方做出相同的敵對行為，而是分析自己哪一個部分刺激到對方，然後找出消除刺激對方的因素。

齊國散文家鄒陽說：「女無美惡，入宮見妒；士無賢不肖，入朝見嫉。」在這個地球上，只要有人的地方都會有流言蜚語、中傷和陰謀。話語只要反覆說就會產生影響力。無論是你多麼信任的人，只要有人在你面前誹謗對方三次，你也可能會因此曲解事實。不世之才的縱橫家張儀說：「羽毛雖輕，集聚多了，可以使船沉沒；貨物雖輕，但裝載多了也可以折斷車軸；眾口所毀，就是金石也可以銷熔；讒言誹謗多了，即使是骨肉之親也會銷滅。」即使是毫無根據的話，只要一說再說，就會讓對方陷入框架並扭曲真實。這種框架戰略的核心要素就是持續和反覆。

在大企業上班的A主管現在負責管理K團隊，他聽說這個團隊的前主管B到處造謠關於自己的假新聞。B主管想要繼續管理K團隊，可是A主管的能力更加受到公司認可。B主管始終不想接受這個事實。就在B主管持續處處誣陷時，A主管假裝不知道這些事情，還邀請他一起吃晚餐。

A主管記得B主管非常愛自己的太太，所以事前準備了B主管太太會喜歡的名牌化妝品。其實B主管這類型的人面對禮物攻勢毫無招架之力。A主管吃晚餐的時候對B主管說：「我的的團隊和前輩（B主管）的團隊要試著找出互相協助的方法。我們其實是屬於同一個團隊。」A主管在強調同事愛的同時，也有邏輯地指出自己是在公司內可以持續幫助B主管的夥伴這個事實。之後，B主管也瞭解到自己如果要繼續升遷確實需要A的幫忙，所以對A主管的態度也轉變成正面。

職場上如果有人嫉妒我的話，原因可以分成兩種。一種是我比對方工作能力強或上司更喜歡我等工作方面的理由，另一種是嫉妒我天生擁有的東西。前者的話，絕對不能讓對方認為我是為了表現給上司看才努力工作。因為對方想要抓住我的小辮子，原本就很注意我的一舉一動，最好是在對方面前表演只專注工作，塑造出認真幹練的形象。

或許會有人反對說人生已經夠累了，難道還要在意他人眼光活著嗎？當然如果你不在意這種事情的話，自然可以置之不理。

但當對方特意挑起是非時，即使你很在意，也不需要去刺激對方。我們明明通過工作表現獲得升遷和好評，但對方卻誤會我們是因為討好上司才獲得高評價，認為我們的工作能力極為一般，這真的是很鬱悶的事情。不過，既然我們的工作能力已經被上司完全認同了，就可以在上司面前特意提這位敵對同事的優點，並且具體地說出稱讚理由。這就是慢慢安慰對方心靈的方法。

最後如果是那種毫無緣由就討厭我和嫉妒我的話，要怎樣辦呢？其實，沒有跟這種人和平相處的方法。只能提升自己的能力，到達對方無法跟上來的層級。當我們的世界或職等是對方完全不可能到達的時候，而對方依然到處說自己壞話時，在他人眼中看來就「只是嫉妒」。持續提升自己的工作能力、性格、外表等所有面向，可以使對方跟自己處於完全不能相提並論的層級。這個時候，無論對方說再多誹謗，也不過是在羨慕他人的嫉妒女、嫉妒男而已。光是想到這一點就覺得痛快。

區分自己和他人的練習會有所幫助。他人的範圍也包含家人。首先禁止自己針對他人說過的話或行為說三道四。這並不是說對他人所有事情毫無關心，也不是說不要在人際關係中為對方付出愛、關心、協助、信賴等。只是說不要想支配他人的情感。如果太過干涉他人感受的話，自己的情感也會因此無法表現出來，那該有多難過。這樣做的話，我們不必讓自己受他人情緒影響或左右。因為他人的情緒不是我的。

當對方對我感到失望時，也是沒辦法的事情。如果對方無法理解自己的心，也不需要感到難過。不用理會對方說的話。稍微遠離些也沒關係的想法也很好。關係到只為止，緣分盡了，這樣想會活得比較開心。

Q. **要如何跟想法不同的後輩好好相處呢？最近聽到年輕人們說的話，常常對想法如此不同感到訝異，但也不希望自己就此被當成長輩。**

A. 三十歲後段的Y課長在女性職員佔大多數的大企業上班。他說：「現在進來公司的新人或一九八〇年後半到一九九〇年初出生的年輕人，凡事以自己為中心，不願意犧牲自己。但是我跟前輩都是來自要懂得自我犧牲的年代。雖然我們也認為不放棄自己的主張，直視對方眼睛地表明自己想法也是一種修行。」

已經工作一段時間的三十歲中後段上班族，正巧夾在後輩和前輩之間。他們的苦惱就是完全不知道該如何跟後輩們好好相處。千禧世代哭訴不知道要如何融入最近變化頗大的世代和全新出現的世代。如果無法好好相處，就會被他們認為是老一輩人，可是即使好好相處了，還是有許多部分無法理解。

無論是誰永遠都會遇到世代和文化不同的後輩，因此矛盾的產生是無法避免的。之後世界可能一年或幾個月就會產生變化，所以這種情況只會持續存在。因此，每個人到死之前，必須費盡心思跟其他世代溝通是宿命。

首先要傾聽後輩們說的話。這是上策。聽之後，才能找出理解的道路。甚至有時候只是聽而已，就可以解決彼此的矛盾。因為一般來說，下屬常常因為上司不聽自己說話而累積不滿。而且連聽都不聽的話，是不可能理解的。在聽的過程中，不管自己有多麼想反駁，也要咬緊牙關，即使感覺像有人拿針扎自己的大腿，也要忍著聽完後輩們要說的話。

某家大企業五十歲後段的P代表很受後輩們的愛戴。後輩們私下總是把其他前輩們當成老一輩來看，甚至有聚餐時，也會藉口說「我已經有約了，這次就不參加了」。但如果是這位人氣CEO主辦的聚會，就連新入職員們也會全部出席。詢問了原因之後，原來是這位CEO會認真聽對方說話。那家公司的某課長說：「因為社長都會認真聽我說話，所以我沒有不滿。即使那個事情無法馬上得到解決，他願意聽像我這樣年輕後輩說的話已經是極大的關懷了。」

我之後另外問了P代表，他說：「對方可能認為我只是聽而已，並沒有採取措施。但是我認為光是聽這件事情本身就已經是做了很多事。即使聽完之後，結果沒有任何改變，我也是竭盡全力去瞭解這些事情了。」

傾聽可以改變彼此關係。不僅對自身來說獲益匪淺，也會讓自己的社會生活或家庭生活更加美滿。在聽的過程中，如果有自己必須去理解的部分，就要努力去理解。如果有無法理解的部分，也要誠實地說出來，並找出切入點。對方知道自己在努力去理解的話，也會發現彼此要努力的地方。

當然也有些人是自我中心主義者，完全不打算接受對方。如果是這樣的話，也要特意地好好相處為了在職場上生存下去，就必須跟含著金湯匙出生的獨生子女世代互相協助。

我認識一位四十歲中段的美術總監。他因為從事藝術工作，所以一直需要瞭解最新趨勢和隨時打開五官，因為這是他的工作。為此他去東京、青島、台北、柏林等城市尋找和學習最新流行元素。他也會走訪韓國國內新開的咖啡廳、品牌店等去發現新事物。最後，他領悟到只有親眼所見，親身體會才能夠掌握到真正的流行趨勢。也就是說跟年輕人相處，聽他們說自己喜歡的東西、去的地方、關係的事物等，就可以收集到許多情報。某一次他看一位穿著與眾不同，極為奇特的年輕人，就鄭重地過去搭話，表明自己想要跟對方說說話的想法。還有一次，他去咖啡廳的時候看到服務生很特別，就表明自己願意支付打工費，請對方跟自己分享自身的故事。就這樣，用兩到三小時就可以從二十多歲的時髦年輕人身上聽到許多情報。這些都是活生生的資訊，根本不需要去閱讀「討論九〇年生」的相關書籍。跟身邊的九〇年生、八〇年生多對話、觀察他們，自己也會變得越來越年輕，同時也會走在趨勢前端。

有一個國中生群族會喜歡的衣服品牌。我一開始心想到底誰會去穿那種衣服，後來發現藝人們開始穿，我自己還為此寫過專欄文章。那個品牌開始進入韓國免稅店，也進軍海外市場。如果當時我跟姪子等國中生多聊天的話，就可以知道這個趨勢，進而事先發現這個前途看好的品牌和產業。

觀察後輩們喜歡的事物，喜歡去的場所，還有飲食方法等，就可以看出趨勢，也可以獲得享受人生的全新方法。當然還可以更加瞭解後輩們的內心。如果還有無法理解的部分的呢？那就不要理解，只接受可以理解的部分。

Q.

我找到了一份新工作。聽說職場上第一印象是最重要的，我想知道怎麼在新環境中給人留下好印象。

A.

進入新職場，至少會有一個月大家都會對你特別關注。所謂好的印象可以分成兩種。那就是外表和實際工作能力。工作能力強當然很重要，但是只有一個月時間的話，又能展現多少呢？因此，首先要讓自己看起來像是公司需要的人。也就是，看起來很誠懇是最重要的。還有就是好好融入新組織。

無論是社會新鮮人還是中途換工作的人都適用以上原則。因為無論是做什麼工作，一開始的印象影響巨大。如果在時尚公司上班，太過不注意穿衣風格的話，就會被認為沒有品味和工作無能。如果是在美容公司上班，皮膚太差或太過不注意化妝的話，也會被認為沒有工作能力。相反地，如果是在保守的公司上班，太過突兀的言行和穿衣風格就會變成阻礙。個人特色最好過一段時間之後，覺得自己已經融入組織之後再來顯露。

我認為無論是在哪個領域工作，都需要留下「很會工作的印象」。其實就是誠懇。一開始話最好不要太多。因為有可能導致出現沒有益處的評價。因為所有對於自己的評價都來自自己的言行。如果是在很難不發言的場合，可以使用我們之前提的說話戰略「像說英文那樣說韓文」來降低自己的發言頻率。還有要特意讓自己看起來很沉穩。那些太過醒目的社會新鮮人，或是想要馬上展現個人特色、有過工作經驗的人，在韓國組織文化中常常會被認為是給人有壓力的存在。或許你會認為這種想法太過老舊，但所謂的組織就是這種地方。因為對於醒目的負面評價多餘正面評價。以我二十年的職場經驗來看，這一點無論去哪個組織都百分之百適用。因此，個人的獨特優點或特色最好等在新組織站穩腳步之後再展露出來。

社會新鮮人因為通過公開招募進來，傳統上來說一開始就會被認為是圈內人了。可是有過工作經驗的人反而更需要小心自己的言行。因為有過工作經驗的人被認為是「突然出現的石頭」，「原本的石頭」自然會特別關注並開始排擠。特別是那種長壽型企業對待社會新鮮人和有過工作經驗的人的差別待遇特別嚴重。如果你是有過工作經驗的人，有機會選擇的話，要挑選有過工作經驗的人佔大多數的部門，這樣不僅不會遭受差別待遇，實力也會得到認可，往後晉升也會較為順利。

當然有過工作經驗的人換工作時也有好處。雖然會被調查過去的工作評價，但那已經是過去的工作環境，如今換到新職場，就有可能轉重新塑造自己喜歡的形象。在前公司如果在形象管理上有所不足的話，在新公司就可以補足那部分缺失，塑造自己嚮往的形象。

換到某中堅企業工作的A過去因為心太軟，所以飽受「好心姊姊情結」之苦。因為她總是把同事們當成家人來對待。正因為這樣，她從來沒有拒絕過同事們的要求。如果說太過辛苦而想拒絕對方的話，反而會被說人變了。因為A的做事風格很像長工了，所以許多工作也就通通推給她。這樣的A在換了新工作之後，決定不再扮演好人，而是跟同事分清工作內容。過去她會認為如果這件事自己不做的話，誰也不會去做，而且沒人會做得比自己好。如今A不再扮演這種殉道者角色了。過去A在公司內為了當好人、有能力的人、被認可的人，會把所有工作通通包下來做，現在的她已經完全拋棄這個不替自己著想，假裝善良的傻瓜形象了。

沒想到這樣做之後，A在公司內的人際關係反而變得更好了。如果有人對A提出過分的要求，A就會慎重地拒絕。這樣做之後，A不再被他人看輕。而且也沒有人因為被拒絕之後感到失望或意外。劃清界線之後，A通過工作實力培養自信心。當新公司提出不當工作時，A也會用適合的理由提出不同意見。這樣的A即使擅長明辨事理，也依然給人留下溫和的形象。

有過工作經驗的人換到新公司後，適應新環境時雖然會很辛苦，但是如果當成是一個可以重新塑造全新形象的機會的話，那就可以減少壓力，也可以更加享受全新的工作環境。

Q.

不管怎樣想，現在交往的人都是不是對的人。我們總是彼此傷害對方，因此想要分手，請問我該怎樣做？

A.

想要跟不對的人分手時，只要「溫和說不」就可以了。

許多人無法管理自己的情緒，總是做出極端的選擇或行為。例如，當女朋友說想要分手時，就馬上踩油門開快車來威脅對方或是動手打人，甚至奪走對方的性命。原本單純善良的人也是有可能性情大變，因為其暴力性早就在內在化了。也就是說，在結婚前的交往期間其實是有可以看出跡象的。

雖然說交往前就要好好選擇對象，但是姻緣真的好像是運氣成分多一點。在交往初期，為了給對方留下好印象，大家都會隱藏自己的缺點，所以很難準確地瞭解對方的個性。

不過如果在交往過程中發現一點點脫離正軌的奇怪行動或自己不合的部分的話，最好選擇分手。或許有人會認為我可以因為愛去理解和包容對方，但是如果那已經不是自己可以包容的範圍的話，不管有多愛，為了自己的未來都要狠心轉身離開。我看過許多人暫時可能因為還有愛，就覺得自己可以渡過這個難關，但之後反而因此牽絆住自己，造成更大的傷痛。

現在四時歲後半的某大企業S常務，在二十歲的時候只要男性稱讚自己的外表，就無條件地付出自己的心。因為她認為對方疼愛自己，除了很感謝之外，還覺得自己被認可了，所以一下子就打開心門。S常務的爸爸是遠洋船的船長，所以常常不在家。媽媽獨自一人扶養四個小孩，家教極為嚴厲。因此，S常務非常渴望「溫暖的愛，和被稱讚漂亮」。她的某任男朋友的情緒起伏相當嚴重，當他心情好的時候是一位無比溫和的人，可是當他沉浸在憂鬱中的時候，就會把所有情緒發洩在S常務身上。這種時候本應該意識到「這是不對的」提出分手，但S常務反而為了抓住對方的心無私地包容對方。S常務當時是為了讓那個任意對待自己的男朋友意識到再也沒有比自己更好的女人了。S常務回想過去，自己因為太過渴望得到愛和被認同，導致好像每次交往的男性總是居高臨下並對自己作威作福。

S常務說：「因為我有看臉色這個習慣，導致我即使內心早就想要分手，但無法說出口，可能是因為善良女孩情結在作祟吧。」之前交往過的男朋友太過霸道和自私，S常務早就不愛他了，可是始終說不出「我們分手吧。」就這樣在猶豫不決中，當時的男朋友去當兵了，自己也被迫等了三年。在這三年中不知道錯失了多少好姻緣。當時S常務因為要遵守誠信這個愚昧的想法拒絕了所有機會，明明知道現在的男朋友不適合自己，還是忍著痛苦勉強地交往下去。男朋友退伍之後，S常務提出了分手，沒想到對方不僅沒有感謝自己等了三年，居然提出「精神痛苦賠償金」這種荒謬的要求，為此S常務吃盡了苦頭。這件事情之後，S常務還是學不會如何拒絕戀情，導致類似的痛苦反覆發生。最後，S常務關閉心門，選擇了單身人生。

不要無視那些信號。要相信自己的直覺。因為自己最瞭解自己了。有些人會去找占星師、塔羅牌、算命師問自己因為哪些方面跟那個人不合，想知道跟那個人分手會不會比較好。沒有人比自己更清楚自己和對方的關係了，為什麼還要費力氣去問他人呢？

「我跟這個人好像不合，但是不知道該怎麼辦？」

好像不合是什麼意思？那就是不合。無論男女，面對上司或後輩等所有人際關係時，如果說「好像怎樣怎樣」的話，那就真的那樣。特別是男女朋友。當兩人關係中出現不協調時，那個不協調就會破壞關係。

在中小型企業上班的U主管談了九年戀愛，但結婚兩年半後就帶著孩子恢復自由之身。U主管在結婚前，已經好幾次因為身為獨子的老公太過「媽寶」，而想要分手，但因為放不下曾經一起共渡的時光最後還是選擇了結婚。但婚後，因為相同原因雙方彼此傷害，最後U主管還是切斷了這個姻緣。如果在婚前，U主管就勇敢選擇分手的話，那他們對彼此的愛會不會變成美麗的回憶？

「這個好像不對。」當出現這種奇怪信號時，要重新檢視雙方的關係。一定有不對的原因，如果那個原因無法消除，那就要整理雙方的關係。如果覺得雙方無法走到最後，那就要方式溫和、內心果斷地解決。這裡最重要的是「溫和」。

這個世界太過凶險了，如果刺激到對方，最糟的情況可能會發生新聞中播放的社會案件。

分手之後，要好好渡過那段痛苦的時間。也就是說把悲傷的時光轉變成照顧好自己的時間。最好不要做出傷害自己的行為，例如不要喝酒，也不要讓自己無止境地沈浸在痛苦等。如果真的需要酒來解救自己的話，幾天就足夠了。不要對過去的時光感到遺憾，期待未來即將到來的機會的話，說不定可以讓現在的傷痛昇華成喜悅的等待。離開讓自己痛苦的人感覺就像原本是在森林內看樹，現在是走在森林外看樹。也就是說，現在總算客觀地去看這段關係。如今，走在路上可以肆無忌憚地尋找適合的對象，同時跟好幾個優秀的人約會後苦惱要「選擇哪位」時也不會感到罪惡感。為什麼呢？因為我現在是自由之身。期待新姻緣的出現，踏出輕快的腳步吧。

Q.

我想要變漂亮，但是沒有錢。是不是只有有錢人才能夠變得更美呢？現在的人生真的太鬱悶了。

A.

有的政治人物，每年光是自我管理的費用就高達一億韓元，但是對於大多數人來說，從鄉下來到首爾生活，光是房租、生活費、交通費、社會生活品味維持費等就已經讓錢包變得空空如也。每個人都要根據自己的收入分配開銷。有財力的人當然可以做皮膚管理、芬療按摩、頭皮保養，甚至還可以加入一兩個健身俱樂部做休閒運動。但財力有限的領薪族，就要規定每個月可以投資在自己身上的金額，並且在那個範圍內使用。最重要的是，一定要有單純用在自己身上的費用，即使一個月只有一萬韓幣韓元。

如果覺得這樣做還是很難的話，還有一個方法。這個方法最簡單，但可能也是最難的方法。那就是「什麼都不要做」，又稱為「反面管理戰略」。只要不做那些不好的事情，比起花很多錢保養但是會做不好事情的人來說，還是會維持著更棒的樣子。

比方說，如果無法買昂貴化妝品來保養皮膚，那只要好好隔離讓皮膚老化的紫外線就可以了。也就是說養成不管是去旅行，還是上下班路上，跟朋友們聚餐等都要積極使用陽傘來隔離紫外線的習慣。這樣一來，也就不需要花錢去皮膚診所雷射或打美白針。紫外線也會老化頭髮，如果長時間暴露在紫外線下會使頭髮曬傷受損，想要恢復美麗秀髮就需要花很多錢。

紫外線隔離霜是最基本的。比起含有眾多化學成分的有機隔離霜，我推薦具有基本底妝效果的無機紫外線隔離霜。愛茉莉太平洋執行長徐慶培會長，也在記者會上分享自己的皮膚管理祕訣：「無論是在汽車內，還是在辦公室內，只要是眼睛看得到的地方，我都會隨時隔離紫外線。」

接著，如果認為自己皮膚不好，就要中止不規律的生活習慣。例如，不要晚睡晚起，也不要暴飲暴食，還有盡可能減少壓力。如果過得不規律的生活，即使花再多錢保養皮膚，也比不那些上不花錢，單純過著健康生活的人的皮膚。其實如果我們從小遵守長輩教導不去做哪些事情的話，現在一定過著美好人生。只是不去做那些不好的事情就可以幫助我們節省金錢和時間。今天晚餐吃得比較多的話，明天就少吃一點。不要被壓力這個單詞支配，而是要排除這個單詞活著。只要養成消除不好事物的習慣，那人生就會變得輕鬆簡單。

如果對於買維他命、紅蔘等營養品來提高健康和活力感到負擔的話，那只要遠離那些讓身體冰冷，進而降低免疫力的事情就可以。例如，即使是在夏天，喝滿是冰塊的水或咖啡這個行為就是不對的。在中國不管天氣多熱，在餐廳內都找不到冰水。因為他們認為如果給客人冰水的話，就像是「希望對方快點死」。

現代人因為身體冰冷，免疫力變差，引發許多成人病。糖尿病、骨質疏鬆、肥胖、不孕、癡呆等都是因為一度的差異。體溫升高一度，身體就會產生抵抗力，變得健康，自然看起來朝氣蓬勃。因為露出肚臍的衣服好看，所以讓肚子著涼的行為，喝冰水讓身體器官冷卻的行為、冬天為了漂亮不穿襪子讓雙腿冰冷的行為都是不可取的。如果真的很討厭熱飲，也可以喝溫的。

還有要避免過度飲酒。並不是說完全不能喝酒。只是建議適量地喝就好。暴飲後，常常發生很難善後處理的問題，也會犯下各種錯誤。而且過度飲酒還會變胖、變老，皮膚也會變得暗沈。

以上這些事情，如果覺得很難做到也可以不用做。只是不要拿自己跟他人比較，不要沉浸在剝奪感和嫉妒當中，只要擺正心態，好好接受自己原本的樣子就可以了。

Q. 我很害怕變老，因為不再年輕，也不能再任意撒嬌。

A. 作家朴慶熙出了一本名為《女人活在四十歲》的書。可見女性對於進入四十歲這件事多麼恐懼，以至於有這樣一本書上市。

我因為不想讓自己勉勉強強地迎來四十歲，而是從容優雅地走進四十歲，所以從二十歲就開始徹底做準備。但是三十九歲的冬風還是吹得異常兇狠，讓我覺得如割肉般地痛。如果說人生可以活到一百歲，那其實還不到一半，接下來的人生可以過得更有活力。只是三十九歲的我根本聽不進去這種理論性的說法。我非常感傷，感覺身為女人的人生就要結束了，又好像是要停經了。難道是因為我在三十歲的時候過度努力了嗎？當時我感覺進入四十歲的第一天，太陽也會跟前一天完全不同。

當時的我為什麼會那樣想呢？首先是因為對於社會大眾看待女性的眼光太過偏見了。因此，我才會對中年這個單詞感到極大的負擔。到了現在這個年齡，如果出現不成熟的舉動，帶來的厭惡感會比年輕時更嚴重，壓迫感也越來越大。我想永遠當個可愛活潑的女孩，但是可愛的四十歲女性感覺很討人厭吧？長頭髮的四十歲女性非常可怕，從後面看以為是年輕女生，但看到正面卻是滿臉皺紋的中年女性的話，這不是噩夢是什麼呢？中年之後，如果還留著長頭髮，就會知道會給他人帶來麻煩。

因為從事記者這個工作，所以過去的我特意隱藏了女性特質。回想這件事情讓我很惱火，當年為了不想自己是女性就被受訪人員看輕，我總是假裝很堅強。穿著方面也是特意選擇不時尚的衣服，也沒有穿過裙子，當然某方面也是因為腿粗才沒有穿裙子。我沒有讓自己的三十歲開出耀眼奪目的花朵。因為那時候我太過在意他人的視線，所以無法盡情享受女性美。實在太過遺憾了，好想倒轉時光回到三十歲。

如今正好是四十歲的S教授也遇到與我類似的暴風雨成長期。當我跟她分享自己四十歲的暴雨時，S教授表示可以理解那種空虛感，而且自己其他四十歲的朋友也因相同感受而痛苦著。

在對話過程中，我領悟到她跟我的共同點。那就是我們兩人沒有好好享受當女人，即使包辦了所有事情，卻對自己絲毫不寬容，對於這樣的自己有強烈的憐憫之心。最重要的是因為身為模範生，所以也沒有好好享受過二、三十歲的人生，也就是說一次也沒有「放蕩不羈」地玩樂過。

就這樣患了四十歲之病後，我還領悟到一點。那就是我這樣在意他人眼光活著，但其實根本沒有人在意我，也不關心我。過去我為了看起來「很像記者」穿得像女強人，但其實「女性化」這種東西是與生俱來的。過去我認為長頭髮的中年女性很可怕，如今披肩長髮變成我的招牌髮型了。這是我在二、三十歲時根本沒有嘗試過的髮型。

如果我有好好享受過年輕歲月，現在應該會很愉快。為了不讓自己因為後悔當年沒有好好玩樂而鬱悶，不怪罪未來的老公和小孩牽絆住自己，現在必須盡可能玩樂。因為結婚後，從現實面上看，是真的很難擁有個人自由時間。盡情地玩樂吧。好好享受那個再也不會回來的最美麗的年輕歲月。

現在進入四十歲的我，才真正了解到中年的魅力。但這個的前提必須是通過持續的自我投資，讓自己內外兼具，才會散發比二、三十歲更迷人的魅力。現在的我具備多姿多彩的豐富多樣的文化內涵和人生智慧，這些是三十歲的自己自嘆不如的。不惑之年的女性擁有二、三十歲女性沒有的寬廣同理心，這也是致命魅力。如果這時候還有在工作的話，那加上專業知識這個優點之後，可謂是中年女性的極致魅惑力了。只有進入四十歲之後，才能夠真正領悟人生的道理，以及知道如何有效地發揮自身魅力。進入四十歲才能相信自己的本能和直覺，也可以真正分辨正確和錯誤，喜歡和討厭，才能夠真正變成極致性感的「成人女性」。

不過，有一點要記住。只有提前會充滿魅力的四十歲做好準備，才可能隨著年齡增加變成致命女郎（Femme Fatale）。

Q.

我在公司內沒有可以講真心話的人，所以感到很孤單。雖說集中在工作上，在公司渡過普通的一天就好，但我還是希望能遇到聊得來的人。

A.

在時尚公司上班的A主任和隔壁部門比自己年長兩歲多的O代理情同姊妹。A主任把對方當成自己終生知己，所以連雞毛蒜皮的小事情也都一一跟O代理分享。因為兩人不在同一個部門，所以並沒有什麼厲害關係，還可以排解職場生活的寂寞感。A主任把男朋友等私人生活問題，職場問題、家庭問題，甚至突破心房連小時候不富裕的成長經驗都全部告訴了O代理。如果說A主任幾乎把自己赤裸裸地展現在O代理面前也不為過。突然有一天，兩個人換到同一個部門。O代理工作態度並不太誠懇，她會適時看臉色適時地工作，追求某種安穩的生活，而A主任則是那種會主動找工作來做的類型。

A主任在幾個月後聽到奇怪的傳聞。曾經如親姊妹般的O代理到處跟人說：「A主任小時侯過得很苦，所以晉升慾望才會那樣強。求學過程中也很自卑，所以才會渴望得到認同，而且還要忙於為無能的男朋友處理各種事情。」A主任的前輩相信O代理說的這些閒言閒語之後，跟O代理站在同一陣線，並開始排擠A主任。A主任說：「我把O代理當成親姊姊看待，所以對她說過前後輩或同期的壞話，現在這些內容好像傳到對方耳內了。」結果，只有A主任變成了壞人，最後她也因為人際關係換離開這間公司。

許多人偶爾會對名為公司的這個組織產生錯覺。特別是女性們在公司內會把同事關係昇華成私人的人際關係，一定要稱對方「姊姊」、「妹妹」才會感到安心。如果遇到一位可依靠也可以信賴的姊姊當然是好事，但是有一點絕對不能忘記。在用勞動力獲取收入的職場上，人際關係其實是表面的。在工作內容、晉升、上司等各種錯綜複雜的職場關係下，根本不知道跟那些姊姊們的關係會變成怎樣，因此最好不要說太多個人事情。因為很多時候這些事情會像飛鏢那樣轉頭打中自己。真的需要在工作場合找到可以分享自己內心感情問題、抱怨上司、購物資訊等同甘空苦的職場知心人嗎？

每個人的個性都不同，但是女性比男性更容易感到寂寞，也就是說因為情感豐富，寂寞指數會比較高。但如果能夠放棄一定要跟誰一起的強迫觀念的話，就可以過得更自由一些。公司不是學校，也不是通過親密感培養人格關係的初級群體（primary group）。如果覺得一定要跟同事做朋友的話，那一定要保持距離。彼此信賴的關係才可以更加安穩，對精神健康也比較好。而且這種關係即使之後離開公司，也可以長久維持。

也有些人特別喜歡在公司搞派系。這群人會樹立共同的敵人，好像彼此是流著相同血液的人，總是聚在一起行動。他們聚在一起講討厭的前輩或同事的壞話，因為這種共同點就會突然產生彼此親近的錯覺。

就像國小生連去廁所也要有可以一起去的朋友那樣，這些人即使已經是成人了，無論去哪裡也一定要有人陪才不會感到不安感。可以說其實根本還沒長大。

我目睹過許多次曾經跟自己一起講上司壞話的某同事突然有一天跟上司形影不離的場面。我偷偷觀察兩位的臉色，除了擔心對方會不會跟上司說我曾經講過的話，也擔心他們發現我正在擔憂。

雖然在職場上的同事真的只是同事而已，但是也不要放棄會遇到好人的希望。只是在面對同事時，先放下「對方跟我心意相通」這種期待感的話，內心會舒適點。同事又不是家人，怎可能真的站在我這邊。因此，在公司不要把自己大大小小的事情都說出來，也要打消那個認為非要說出內心話才不會感到寂寞的想法。如果真的很想講某人壞話，那可以下班後，面對被稱為「國王的耳朵是驢耳朵」自家牆壁大聲說出來反而會更好。

Q.每到星期一，真的非常不想去上班。可是不去又不行，有沒有讓上班變得更愉快的方法？

A.

我也每到星期日晚上就會格外心煩，然後星期一早上身體變得沉重，難以從床上爬起來，到了星期四晚上進入週末模式，肩膀又開始變得輕鬆的領薪族。幸福的星期日晚上，在家的時候常常因為尚未到來的星期一而感到呼吸混亂。可是只要還在工作的話，這個循環就會一直反覆持續下去，所以我想只有改變看待星期一的想法才能讓日常生活過得幸福。

婦產科並不多見，但對於孕婦來說到哪裡都可以看到婦產科。做過雙眼皮手術的人總是只看到有雙眼皮的人。如果從明天起是黃金假期，那今天下班時，即使走的是每天相同路線，心情也會特別愉悅。我認為生活很難的，這個世界就真的很難，如果我笑了，世界也會跟著微笑。面對星期一的時候，也可以使用這種方法。

很多人討厭星期一上班，因為週末在休息，可是星期一早上上班後就馬上要開始做事，一坐到位置上就有郵件和會議等著自己處理。這個世界是好是壞完全取決於自己的心，所以首先一定要轉變成想上班的心情。因此，星期日晚上睡覺前一定要有期待明天上班的想法。但想要做到這樣並不容易吧？

我會事先準備星期一穿上後可以鼓舞自己且心情愉快的衣服，也會想像自己愉快上班的模樣來暗示自己。

根據色彩療法，色彩除了會影響生理，同時對情緒也具備影響力。色彩是通過光線被物體反射或吸收後出現的現象，因為每個物體對光的吸收率不同，所以表顯出來的色彩也會不同。每個物體原有的色彩通過視覺神經傳遞到大腦，在中樞神經系統上數千億個細胞們間忙碌地交換著各種細微資訊。通過這個原理，我們會受到色彩的刺激，通過視覺上的刺激影響我們生理和情緒。

因此，根據選擇的衣服顏色可以改變當天自己的心情，也可以改變他人看待自己的想法。所以星期一最好穿上最華麗的衣服。如果我穿上好看的衣服，就會很開心隔天有個地方可以去。如果是住在無人島的話，根本沒人看到還有可能特意打扮嗎？隔日早上馬上有一個地方可以去真的是值得感恩的事情。

平日因為太過忙碌總是無法好好整理前一天背的包包，總是就這樣提著出門。但至少星期一要拿的包包必須好好整理。筆盒內的鋼筆也要帶好，裝有噴霧、護唇膏、護手霜等化妝包也是如此，最後還要用面紙把包包擦乾淨，然後跟隔天要穿的衣服一起掛在衣架上。最好也把搭配好的鞋子先拿出來擺在玄關。像這樣把隔天的整套裝備都準備好之後，再來為了可以睡得好覺，可以在枕頭兩側滴上幫助入眠的精油來幫助自己心情愉悅地入睡。如果是難以入眠的夜晚，也可以使用一次性的熱敷眼罩。星期日晚上的睡眠就像可以讓未來一週過得悠閒的魔法。

星期一的午餐也可以約平時喜歡的人一起吃飯。星期日晚上確認下週行程時，如果看到星期一午餐有人要見面的話，就會產生期待感。星期五因為心情興奮也很適合跟人約見面，但星期五午餐反而為了均衡感覺（？），最好是約平日備感壓力的人。

到這裡為止都是為了迎來星期一做的事前準備。星期一早上上班路上，一般上班族都會在腦中列出當天和本週要做的「Must to do」清單。但是我星期一坐到位置上後，不會急著開始工作，因為不想讓自己在上班路上就思緒凌亂。我反而會先計畫週末要去哪裡玩樂。因為忙於工作之後，一下子就過了星期三，到了星期四才開始急急忙忙規劃週末行程時，就會發現很難成功約到人。因此，星期一上班路上就可以先規劃這週週末是要跟朋友去旅行，或是看電影、公演、展示會等，又或者是規劃完美療癒時光進行個人美食之旅。像這樣熱情地具體地規劃週末，馬上就可以產生撐過星期一上班的力量。

在C集團上班的L說：「星期六早上會在平倉洞有名的早午餐餐廳吃三明治，然後去上桌球課，接著在清潭洞吃午餐後，晚上參加朋友的生日派對。星期日做完早上彌撒後，會去書咖啡廳看一整天的書。我會在星期一的時候像這樣規劃好具體週末行程。」把這些計畫寫在日曆上，每次想起來一週七天中會有兩天屬於自己的重要時光，就會覺得可以撐過辛苦的一週。「如果你說你下午四點來，從三點鐘開始，我就開始感覺很快樂。」是小王子的等待美學。這跟從星期一開始享受等待是差不多的。

話雖是這樣說，但其實過去二十年來因為隔週的星期日要上班的關係，每次我都會告訴自己「一定要說這是記者該做的事情。」因此，除了有星期一症候群，也常常在星期六晚上就開始忍受星期日早上要上班的恐懼症。真的可以說是「咬緊牙關上班」但既然是無法逃避的波浪，那最好是不要喝到水，好好享受乘風破浪的快感。

後來因為育兒，我的週末過得比平日更累。但星期一上班時，某位後輩這樣跟我說。

「前輩！妳看起來總是精神飽滿，神采風揚的樣子，好像從頭到腳都『管理』得很好。」

其實，那時候我每個星期一早上都因為太過疲累而常常深呼吸，後輩意想不到的鼓勵才讓我重新振作起來，心想：「是的，這是美好的星期一。我有地方可以來上班。有人看到我管理得很好的模樣。」

結語

從現在起，我想跟自己好好說話

說好話之後，接踵而來的是什麼呢？

說好話之後，隨即到來的也會是好話。

當你說出「親愛的」就像回音一般，你也會聽見「親愛的」、「尊敬的」、「最愛的」、「珍愛的」等美麗的修飾語。

人的心都是一樣的，無論是誰都想聽到好話，因而敞開心房。然後再把自己聽到的好話傳給對方，這就是說好話的良性循環。

「好的」和「美麗的」原本的意思很單純，是我們帶著這個時代的偏見和成見去看待它們。

有很長一段時間，許多人把強迫列為女性外貌標準的「塑身衣」等同於「美麗的」這個單詞，難以拆分。

我自己也是長久以來，半強迫地把「美麗的」這個單詞，視同壓迫自己身體的「塑身衣」。當時的我拒絕「美麗」，卻讓自己掉入「難搞」這個單詞的監獄。我選擇尖酸刻薄的話代替溫暖的好話，就像走在莫比烏斯環一般陷入無盡的反覆，最後變得傷痕累累。不知不覺中，成為被囚禁在冰冷的冬季王國內，冷酷的冰雪女王。

讓你發光發亮的單詞

在這本書中，我並不會特意執著「好話」這個單詞。因為對於每個人來說，「好話」的基準各不相同。我想說的是，如果那些話對一直努力的你來說具備價值，那就是「屬於你的好話」。

如果有其他表達可以代替這個單詞，不管是什麼都可以。

過去二十年來，我努力逃避好話，通過針鋒相對的言語解決問題，如今我想開始對自己說好話。好話已經離開我太久，重新說好話之後，我將迎來全新的人生。

如果你還穿著囚禁自己的塑身衣，請脫下它。然後找出讓自己閃閃發光的單詞，重新命名。

感謝 SSONG Books 的宋美貞代表，幫助面對恐懼總是猶豫不決的我鼓起勇氣，催生出了這本書；感謝韓勝守主編跟我一起苦惱、討論這本書。我之所以可以做到這些事，都是因為身邊有人給予支持和鼓勵。感謝我愛的家人，以及同事們。

HEART
心視野 心視野系列 093

不必口吐荊棘，也能自信鋒利

溫柔堅定的表達，遠勝咄咄逼人的不安

예쁘게 말을 하니 좋은 사람들이 왔다

作　　者　沈熙正
譯　　者　劉小妮
封面設計　楊雅屏
版型設計　葉若蒂
內文排版　許貴華
責任編輯　謝宥融
行銷企劃　黃安汝
出版一部總編輯　紀欣怡

出 版 者　采實文化事業股份有限公司
業務發行　張世明・林踏欣・林坤蓉・王貞玉
國際版權　王俐雯・林冠妤
印務採購　曾玉霞
會計行政　王雅蕙・李韶婉・簡佩鈺
法律顧問　第一國際法律事務所　余淑杏律師
電子信箱　acme@acmebook.com.tw
采實官網　www.acmebook.com.tw
采實臉書　www.facebook.com/acmebook01

ISBN　978-986-507-722-8
定　　價　360 元
初版一刷　2022 年 3 月
劃撥帳號　50148859
劃撥戶名　采實文化事業股份有限公司
104 台北市中山區南京東路二段 95 號 9 樓
電話：(02)2511-9798　傳真：(02)2571-3298

國家圖書館出版品預行編目資料

不必口吐荊棘，也能自信鋒利：溫柔堅定的表達，遠勝咄咄逼人的不安 / 沈熙正著；劉小妮譯 . -- 初版 . -- 臺北市：采實文化事業股份有限公司，2022.03
304 面；14.8×21 公分 . -- (心視野系列；93)
譯自：예쁘게 말을 하니 좋은 사람들이 왔다
ISBN 978-986-507-722-8(平裝)
1.CST: 說話藝術 2.CST: 溝通技巧 3.CST: 職場成功法
192.32　　111000411

采實出版集團
ACME PUBLISHING GROUP